「自分を苦しめる嫌なこと」から、うまく逃げる方法

大嶋信頼

光文社

はじめに

人間関係でも、会社でも、仕事でも、「自分を苦しめる嫌なことから逃げ出したいけど、逃げられない！」ということがたくさんあります。

でも、周りを見てみると、スルスルと嫌なことからうまく逃げてしまう人がけっこういます。私は、そんな人と自分を比べて、「嫌なことから逃げないほうが人生の糧《かて》になる」と信じ、「あんなふうに逃げちゃうと、深みがない人生になる」と心の中で批判し続けてきました。

でも、ある程度の年齢になってこれまでの人生を振り返ったときに、「あれ？　逃げなければ人生の糧になる、と思っていたけど、全然、私は心が豊かになっていない」ということに気がつきます。「逃げなければ精神的に成長できると思っていたけど、全然、私は成長していない！」という自分にびっくりします。

そして、実は、「簡単に逃げちゃう人」のほうが、私よりもずっと心が豊かになっていて、すごく成長していることにショックを受けるのです。「逃げ回っていたらスカスカの人生になってしまう」と思っていたけど、そうなったのは逃げ出したいけど逃げられなかった私の人生のほうでした。

「人から嫌われるのが怖いから」「逃げて失敗するのが怖いから」「弱虫で意気地なしだから」――。こんな理由は、逃げられないことの言い訳にすぎませんでした。逃げたくても逃げられない泥沼のような人生、という言葉が私にはぴったりでした。

「そんなことをぐちゃぐちゃ考える暇があったら、とっとと逃げて状況を変えちゃえばいいじゃないか」と思う人も少なからずいるでしょう。でも、本当に逃げられないんです！　そこにはまってしまうと！

しかし、その後、この「逃げられない心理」の仕組みを知ったところ、「なんだ！　そんなことだったのか！」と簡単に逃げられるようになりました。

逆に、「逃げられない」という原因を間違って認識していたから、そこから抜け出せなかったことが見えてきました。「逃げられないのは自分のせいじゃなかったんだ！」と自分を責めることがなくなり、自分を苦しめる状況からスッと身を引いて、自分がしたいことを自由にすることができるようになったのです。

本書で詳しく述べるように、「逃げられない」ことには脳が作り出す「孤独」が影響しています。「逃げられない」という「苦痛」によって孤独が刺激され、そのことで分泌される脳内麻薬のせいで逃げられなくなってしまうのです。

さらに、「あなただけが苦しい状況から逃げて自由になるなんてずるい！」という周囲の人からの見えない嫉妬で逃げられなくなる、という仕組みについても紹介しています。読んでいただくと、それらがすべてつながっていて、どうやっても自分の意志では逃げられない状況が作り出されていたことが見えてきます。

そして、最後に、究極の逃げられない原因にたどり着きます。それは「母親からの愛」です。これが腑《ふ》に落ちれば、あなたは本当の自由を手に入れ、躊躇《ちゅうちょ》なく逃げられる自分になることでしょう。「嫌なことから自由に逃げて、自分が心から望む人生を選択していいんだ！」という軽やかな気持ちを手に入れることができるのです。

本書が、読者のみなさんが、真に自由で美味しい人生を享受《きょうじゅ》できる手助けとなるよう、心から願っております。

令和元年五月

大嶋信頼

第1章 逃げ出したい、でも、逃げられない……

第2章

世界は「依存」に満ちている

第3章 「孤独」と「嫉妬」の意外な関係

第4章

孤独を解消して「一体感」を得る方法

第5章

「家族」の嫌なことから逃げ出したい

第6章

「恋愛」のグダグダから逃げ出したい

第7章 「友人」との面倒な付き合いから逃げ出したい

第8章 「職場」の嫌なことから逃げ出したい

第9章

「ダメな自分」から逃げ出したい

装画　あらいぴろよ
装丁　坂川朱音（朱猫堂）
本文デザイン　坂川朱音＋田中斐子（朱猫堂）
編集協力　コーエン企画（江渕眞人）

第 1 章

逃げ出したい、
でも、
逃げられない……

1 SNSにハマればハマるほど孤独になってしまう

「いいね！」のチェックがやめられない

カウンセリングでは、「惨《みじ》めな気持ちになるからSNSを見たくないんですけど、見るのをやめられないのです！」という相談をしばしば受けます。

「リア充」な人のSNSを見て、「自分はなんて惨めなんだ」と思って相手に嫉妬《しっと》し、嫌な気分になってしまうというのです。それでも、そのページを開くのをやめられません。

「そんなに嫌だったら見なければいいだけの話じゃないか」と思われるかもしれませんが、人のSNSを開くことが習慣になってしまっているのです。いったんは「もう見るのはやめよう！」と固く決心するものの、「あーぁ！　また開いちゃった！」となるわけです。

ある人はSNSを見ていて、「自分のコメントには『いいね！』が付かない！　他の人のコメントには付くのに！」「どうして私だけ！」と毎回惨めな思いをしているのですが、やはり「書き込むのがやめられない」のです。

「もっと『いいね！』がもらえるように書かなきゃ！」とか「もっとインスタ映えする画像をアップしなきゃ！」と、孤独を解消するために、ますますSNSにハマって、やめられなくなるのです。

なぜやめられないのでしょうか。

それは、自分の孤独を打ち消そうとするためです。

SNSをチェックすればするほど孤独になるのですが、今度はその孤独を解消したくて、「いいね！」をチェックしたり、コメントを書いたりする。その結果、さらに孤独が増していくというループから抜け出ることができないのです。

「孤独を解消しようとして、より一層孤独になる」というのは非常に興味深い症状です。私もそのタイプだったのでよくわかります。

ＳＮＳを続けていたら友人が減った

ある人は、ＳＮＳで気に入らない人を次から次へと「出入り禁止！」と排除して、結局「もうＳＮＳはやらない！」と閉鎖しました。

でも、すぐまた違うテーマで再開してしまいます。孤独だから、やめられないのです。

ところが、また「嫌な思いをさせられた」という理由で、再び閉じてしまうのです。このようなことをくり返せば、文字通りの「孤独な人」になります。そして**孤独が増せば増すほど、それを解消したくて「ＳＮＳから逃れられない！」という事態に陥る。悪循環というしかありません。**

何年も会っていなかった学生時代の友人からＳＮＳを通じて連絡が来たり、こちらからも気になる過去の友人を検索したり。読者のみなさんも、そういう経験があるかもしれません。

私の場合、ＳＮＳでこうしたやり取りをしていると、学生の頃に感じていた人間関係における「通じ合えなさ」を、再び感じてしまうことがあります。

現在の私の仕事に興味を持ってもらったり、理解を示してもらえたら、少しは私の孤独も解消されるのでしょうけれど、そんなことは一切ありません。

理解したようなことを書き込んでくれはするものの、よく読めば、どれも見せかけだけの社交辞令ばかりと知って、逆にショックを受けてしまいます。

SNSなどなかった時代に抱《いだ》いた「通じ合えなくて孤独」という思いを、SNSにおいて再体験してしまうのです。

逆に見ると、**みんな孤独を抱えているからこそ、あんなに一生懸命にSNSに書き込んだり画像をアップしたりする。**SNSをやり続けることは、その人にしかわからない孤独を解消すること。そのために時間を割かずにはいられないわけです。

2

「逃げられない人」は「孤独」の犠牲になっている

いじめっ子から離れられない理由

もし今の私が、中学生の私と会話をすることができたなら、「いじめっ子からちゃんと逃げなさい！」と言ってあげたい。

でも、「逃げられないんだよ！」と答えが返ってくるのがわかります。

「他の子は逃げているのにどうして？」と言いたくなるのですが、当時のことをよく思い出してみると、**孤独が原因で逃げられなくなっていたことが理解できるのです。**

家に帰っても、病気がちの母はいつも辛《つら》そうな顔をしていて、「母の優しさ」とか「家庭の温かさ」が感じられず、私は孤独でした。

いじめられっ子からいじめられ、泣いている惨めさのほうが、家で感じる孤独よりまだマシだった、という感覚が今でも忘れられません。

中学生だった私が、いじめっ子から逃げられなかった理由は、もう一つありました。**「自分が逃げたら、自分をいじめている子が孤独になる」**というものです。自分が孤独で辛い思いをしているので、もし自分が逃げてしまったら、いじめっ子まで孤独になってかわいそう！」と思ってしまうのです。

当時、そのことを先生に伝えたら、「あなたはいじめっ子に立ち向かったり、逃げたりする勇気がないから、そんなきれいごとの言い訳をしている。卑怯者《ひきょうもの》！」と怒られてしまいました。

でも、孤独の本当の辛さを知っていたので、「自分以外の誰かを孤独にさせる」ということが、どうしてもできなかったのです。

ひどい上司だけど「見捨てられたくない！」

就職してからは、上司からひどい扱いを受けても、その会社を辞められない状態が10年以上も続きました。

当時は「自分が逃げたら根性なしと思われてしまう」「いつかこれが自分の力になる」と信じて耐え忍んでいる、と自分では思っていました。

でも、実際は**「この上司に見捨てられたら、私は誰からも相手にされなくて孤立してしまう」**という恐怖があったのです。

「逃げてしまったら上司に嫌な噂を流されて、誰も相手にしてくれないような状況が必ず起こる」という不安でいっぱいだったのです。

また、自分が辞めた後、机に一人ポツンと座っている上司の姿を想像し、「この人を見捨てられない」という気持ちにもなりました。

さらには、「上司のひどい扱いの裏には、部下である私への愛情があるのかも？」などと、自分に都合のいいように勝手に解釈してしまったのです。

ひどい上司だけど…
ポツン…
独りぼっちにしたらかわいそう…
退職届

子どもの頃、親からひどい仕打ちを受けたときは、**「私のことを愛してくれているから、こんな厳しいことをするんだ」と信じていました。** それと同じで、「ひどい仕打ちは愛情の裏返し。この人といっしょにいれば、私の孤独が解消されるかも」と思ってしまったのです。

もう一つ、私が辞められなかった理由としては、周りの人に話したとき、「そんなひどい会社、すぐ辞めたほうがいいよ！」と自分の気持ちに共感してもらえたこともありました。そのとき、一瞬ですが、孤独が解消されたような感覚がありました。ひどい上司の下で一生懸命に働いている自分を周りの人が認めてくれることで、私の中の孤独感が多少なりとも軽くなったのです。

「逃げられない」ということでは、こんなこともありました。

電車の隣の席に、やたら態度のでかい、いかにも怖そうなおじさんが座りました。おじさんは足を組んだのですが、おじさんの靴の裏が何度も私のズボンに当たってきたのです。

このとき、「このおじさんは間違っている！」という正義感がメラメラと燃え上がってきました。しかし、私は何も言えませんでした。かといって、その場から立ち去ることもできなかったのです。

私が「ビビリで喧嘩も弱い」から何も言えず、逃げられなかったわけではありません。

では、どうしてか。

孤独というキーワードを当てはめると、「なるほど！」と理解できます。

このとき私は、「自分だけが、怖いおじさんからひどい目に遭《あ》わされている」と思っています。この**「自分だけ」という部分、つまり孤独を強く感じることで動けなくなってしまっていたのです。**

「自分だけがいつも貧乏くじを引く」「自分だけが不幸な目に遭う」と思うことで、孤独が誘発されたために、フリーズして動けなくなった――そのことに気づいたら、妙に納得できました。

3 0歳から1歳の間に、母親から愛されましたか？

"孤独体質" はこうして決まる

なぜ私は「いつも人のことばかり考えてしまうんだろう」ということが、ずっと気になっていました。

人と会っていても、相手の気持ちが気になって落ち着いて座っていられません。自分でも「病気かもしれないな？」と思うぐらい、人の気持ちを考えることがやめられないのです。

心理学の勉強を始めてから、「子どもの頃の、両親との関係が影響しているのかもしれない」と疑うようになりました。

そう思いながらも、どこかで「自分の欠点を親のせいにしてみっともない」と自分を責めていました。

あるとき、ラットの実験で「0歳から1歳の間に親からネグレクト（愛情を持って抱きしめられない）されると、緊張を司《つかさど》る脳内のホルモンのスイッチが壊れてしまい、他のラットと仲間になれなくなる」という研究論文を見つけました。

「私の孤独の原因はこれだったんだ！」と心の中で納得しました。**私には、母親の愛情をいっぱいに受けて育った記憶がなかったのです。**


真逆の、こんな記憶はあります。

父親は、育児で悩んでいる母親を見かねて、幼かった私を毎朝トラックに乗せて職場に連れていき、仕事の合間に私の面倒を見るようになりました。ある日の夜、帰ってきた私たちを母親が出迎え、トラックのドアを開けてくれたのはいいのですが、ドアに寄りかかってぐっすりと眠っていた私は、トラックの高い座席から地面へとドスンと落ちてしまったのです。

そのとき母親は、火がついたように泣きわめいている私を、黙って冷ややかな目で見下ろしていました。

父親が「何をやっているんだ！」と母親を怒鳴りつけ、私に駆け寄り抱き上げてくれたのを覚えています。

実は、私の母親は妊娠中に体調を崩してしまい、私の兄を死産していました。**流産や死産を経験すると、母親が子どもに対して愛情を感じるホルモン（オキシトシン）の分泌《ぶんぴつ》に問題が生じることがあることがわかっています。**

最近になってこのことを知り、「母親はそれだったのでは？」と私の中で腑《ふ》に落ちました。

私が母親に温かく抱きしめられなかったのは、母親のホルモンの分泌の問題で、「母親が私を嫌ってわざとやったわけではない！」ということが今になればわかります。

私が人の気持ちばかり考えてしまうのは、どうやら0～1歳の間に母親の愛をいっぱい受けることができず、〝孤独体質〟になってしまったためらしい。だから他の人と比べて孤独が強いのだと納得したのです。

マサチューセッツ工科大学の研究

２０１６年に発表されたマサチューセッツ工科大学（ＭＩＴ）の研究チームによるラットを使った実験で、脳の孤独を感じる部位が特定されました。脳の後部にある背《はい》側縫線核《そくほうせんかく》と呼ばれる部分がそれです。さらに、集団で飼育されたラットよりも、「孤立」した状況で育ったラットのほうが、この孤独を感じる部位の細胞が活性化してしまうことも明らかになったのです。

先に紹介した実験結果と重ね合わせると、**０歳から１歳の間に「母親から愛情を持って抱きしめられない」という「孤立」を体験してしまうと、孤独を感じる脳の細胞が活性化されてしまう**ということになります。

そして、その結果として、私は、周りにやたらと気をつかうようになり、「人の気持ちを考えることがやめられない」「人に気をつかうのがやめられなくて落ち着かない」という状態になったのです。

私の場合、母親によるネグレクトで孤独を感じる脳の部位の細胞が活性化されて、常に孤独を感じる状態になり、「人の気持ちを考えるのがやめられない！」という不具合を起こしていたわけです。

長男は母親から愛され、次男は孤独になる？

このことが理解できてから、もっと興味深い孤独の仕組みまでわかってきました。

それは、**第一子が男の子だったら「母親の遺伝子の傾向が強く」出て、第二子がまた男の子だと「父親の遺伝子の傾向が強く」出る**というものです。

母親にとっては、自分の、つまり母親の遺伝子が強いほうが抱きしめやすく、父親の遺伝子が強いほうが抱きしめにくいのです。

カウンセリングを行っていると、「自分がなぜ母親にネグレクトされるのか理由がわからない！」という人がたくさんいるのですが、この孤独の仕組みは、疑問に答える上で重要なポイントとなります。二人兄弟の次男のように、父親の遺伝子の傾向が

おまえは私に似て
本当にかわいいねえ

強い場合、母親は「抱きしめにくい」ので、その子どもは「孤立」を感じてしまうということです。

「お兄ちゃんは抱きしめてもらっているのに、自分は抱きしめてもらえないでいる」という孤立した状況におかれることで脳の孤独を感じる部位が活性化する。そういう人が成長すると、孤独を感じやすい人になってしまうというわけです。

第一子が女の子の場合は、男の子の場合とは逆に、「父親の遺伝子の傾向が強く出る」ので、母親は「抱きしめにくい」となります。その下も女の子という場合は、母親の遺伝子を継承するので、母親にとっては「抱きしめやすい」となります。ですから、この場合の長女は、「私だけ優しく抱きしめられない」となって、やはり孤独を感じるようになってしまいます。

しかし母親には、産んだ順番によって子どもに対する愛情に差があるという自覚がありません。どの母親も「他の子と同じように、あなたに愛情をかけてきた」と言うでしょう。しかし実際は、子どもに現れる遺伝子の傾向によって、母親に動物的な本能が働いて、無自覚に愛情の注ぎ方に差が出てしまう場合があるのです。

4 他人との「一体感」を感じられないのはなぜ？

「いつも自分だけ蚊帳《かや》の外」という感覚

高校生のときに「校内合唱コンクール」があり、私はブラスバンド部に入っていたので、先生から指揮者をやるように言われました。

みんなの前で指揮をしていたとき、自分で志願してなったわけではないのに、いじめっ子に「おまえは生意気だ」といって顔を殴られたことがありました。涙があふれて止まらなくなり、そこで練習は中断です。

そんなことがありながらも、私のクラスはコンクールの本番で優勝しました。みんなは泣きながら手を取り合い、「よかった！　よかった！」と喜びを分かち合っていました。

おそらくクラスのみんなには、この出来事が学生時代の大きなトピックになっていると思います。

優勝できたという喜びで、みんなの気持ちが一つになったということは私にも想像できます。でも、私は他の人のように、みんなとの一体感も、喜びの気持ちも感じることができませんでした。私はますます孤独を感じてしまいました。

みんなが喜べば喜ぶほど、自分は蚊帳の外にいるような感覚になってしまったのです。

その感覚は、やはり高校時代の体育祭のときにも抱きました。クラス対抗リレーで、このときも私のクラスは1位になったのですが、みんなが感動している中で、自分だけは醒《さ》めた気持ちになり、「自分は仲間はずれ」という感覚が強くなっていったのです。

喜ぶフリはしてみました。でもやっぱりダメです。自分の中の孤独は強くなるばかりで、クラスでますます孤立しました。

「自分がいじめられていたからかも？」とも思いましたが、その後も、さまざまなシチュエーションで、みんなといっしょに喜べない自分がいました。他人との一体感を感じることができなかったのです。

「一体感」とは孤独が作り出した幻想

「一体感が得られない」という感覚は、学生の頃、女性とのお付き合いにおいてもありました。

手をつないでいるとき、「相手が嫌がっていないかな？」とか「退屈していないかな？」と考えてしまって、「一体感」が得られません。そんな私の思いが相手に伝わり、お互いの気分がどんどん冷めていくのがわかります。私の中の孤独も膨《ふく》らんでいき、それを解消しようと焦ることでかえって2人の関係が悪化してしまう、ということをくり返していました。

それは仕事においても同じでした。チームで一つのプロジェクトに取り組んでいると、次第にチームワークが取れてきて、メンバーの一体感は高まっていくものです。

そんな中で私だけが、一体感を得られず孤独がどんどん膨らんでいき、自らチームから離れていく、ということをしてしまっていたのです。

あのチームにそのまま在籍していたら、自分は会社で出世できて、お金持ちにもなれたのに……。そんな後悔の念を抱くくらい素晴らしいチームでした。でも私は、みんなが一体感を得られれば得られるほど反比例して孤独になり、その孤独の大きさに耐えきれずにそのチームを捨ててしまったのです。


孤独から逃れようとして自ら一体感を演じれば演じるほど、「自分だけが孤独」という感覚が強くなり、どんどん不幸な方向へと落ちていきました。今考えれば、他の人と違って脳の緊張のスイッチに不具合が生じていて、脳の孤独を感じる部位が活性化されてしまっていたため、いくら努力しても意味がなかったのですね。

というより、そもそも「一体感」というもの自体が、孤独が作り出した幻想なのです。

「人間は元来、一人で生まれてきて一人で死んでいくものである」という言葉がある

ように、元から人間は孤独のはずなのです。

その孤独な人間の集まりの中で、ますます孤独を感じてしまう。その孤独から逃れるために孤独で苦しんでいる人たちが作った幻想が「一体感」です。

一体感が得られれば、自分の抱えている孤独という牢獄《ろうごく》から逃れることができる、そんな幻想にとらわれているから、結局「少しも一体感が得られずにどんどん孤独が増していく」こととなってしまう。

みんな同じように一人で生まれてきて同じように一人で死んでいくのですから、孤独を感じていない人はいないはずです。

それを認めたくないから、自分以外の誰かは、一体感を得てこの孤独から逃れているに違いない、と信じたいのです。

こうした「幻想」が、ますます孤独を強化して、私を苦しめ続けていたのです。

全ては孤独から始まっている

私は、**「両親から見捨てられる」という究極の孤独**を案じていたため、「両親は自分にどんな人間になってもらいたいんだろう?」と、大人になってからも真面目にそのことばかり考えていました。

だから、何をやるにしても、「両親の望むように生きる」ことを念頭においてきました。もし私が孤独でなかったら、「両親が自分に何を望んでいるか」など、考えもしなかったかもしれません。

本当に自分がしたいことを職業にして、他の人のように自由気ままに楽しく生きたい!

でも、それをしてしまったら、みんなから捨てられ自分は孤独になる、という恐怖があって、できないのです。

孤独が襲ってくると、昔だったら性的な妄想にふけって時間をどんどん無駄にしては後悔に苛《さいな》まれる、という悪循環をくり返していました。

そして「他のみんなはこんなに時間を無駄にしたり、罪深いことをやったりはしていないんだろうな」などと考え、「自分だけこんなみっともないことをしている」という感覚にとらわれていました。

すると、ますます孤独が強化され、その孤独がさらに私にしたくないことをさせ、私の人生の時間を無駄なものにしてしまっていたのです。

孤独でなかったら、自分が「不快」と思うことを簡単にやめられ、もっと時間を有意義に使うことができたはずだ。でもわかっているのに、それができない。

孤独の威力って、ものすごいものがあるのです。

おそらく私の孤独を知らない人たちは「孤独だったからこそ、人の気持ちになって考える人間に成長することができたのでは?」などと言うでしょう。

「孤独から逃れるために一生懸命に努力してきたことは、決して無駄にはなっていない。今のあなたの身になっている」と。

でもそれは、私が抱えている**逃れようもない孤独の本当の闇**を知らないからこそいえるだけなのです。

孤独があると、何をやっても虚《むな》しく、無駄に思えるのです。

孤独があるから、私の中には3歳の頃から成長していない感覚があります。いつまでも母親の温かさを追い求めてオロオロしているあの感覚から逃れられないのです。

そして、誰からも相手にされなくて泣きじゃくる感覚が常に私を追いかけてきて、それから逃れることができず、私の孤独はさらに強固になって私を絶望の淵《ふち》に追いやるのです。

「こんな自分なんて存在していても意味がないのでは？」という気持ちは、孤独が私に感じさせることです。孤独を癒《いや》してくれる一体感を求めてさまよい続けても、それは手に入らず、頑張れば頑張るほど、孤独が増し、苦しみ続けることになってしまうのです。

第2章

世界は「依存」に満ちている

1

逃げられない関係には「依存」が潜んでいる

〝苦痛〟や〝恐怖〟がやみつきになる心理

映画などエンターテイメントの世界では、「セックス、ドラッグ、バイオレンス」の三つの要素がヒットの条件とされてきました。確かにヒット中の映画を観てみると、これらの要素をしっかり押さえていることにびっくりさせられます。

セックスとバイオレンスについては、そのシーンを見ているだけで、β《ベータ》-エンドルフィンのような「脳内麻薬」と呼ばれる物質が脳内に分泌されることがわかっています。脳内麻薬には、気分を爽快にしたり、何かから解放された感覚をもたらしてくれる効果があります。

セックスのシーンと違って、ドラッグのシーンの場合は、「ドラッグをやっている人を見て自分も同じような感覚になれる」のではなく「この人はドラッグ中毒になってそこから逃れられない状態にある」という**〝苦痛〟や〝恐怖〟を想像することで、脳内麻薬が分泌されます。**

私の友人に「潜水艦映画が大好き」という人がいました。彼にとっては、「潜水艦の中に閉じ込められて逃れられない！」というあの息苦しい状況を想像することがたまらなく快感だったのです。

ドラッグのシーンを見る場合も同じで、救いがない、逃げられないという状況に、人はハマってしまいます。言い換えれば、脳内麻薬に依存してしまうのです。

「あなたは○○に依存している可能性がありますよ」と言うと、たいていの方が「私には関係ない」と否定します。依存を認めず、逃げてしまっているのです。これを専門用語で「否認」といいます。

たとえば、「○○依存」などのタイトルが付いた新聞記事などを読んだりしたとき、実際に何かに依存している人の場合、「○○に全く興味がなくなった」と無関心を強調したり、「この記事はものすごくムカつく！」と怒りを感じたりします。

人によっては、記事の内容が全く理解できなかったり、理解できても内容についての記憶が後ですっぽり頭から抜け落ちてしまったりすることもあるのです。

どうしてこうしたことが起きるのかというと、簡単に言えば、**依存を認めてしまったら、「それを手放さなければいけない」と感じるからです。**

依存するのはよくないこと。だからやめなくてはいけない。でも、自分には依存しているものを捨てることはできない……。そういう気持ちが、「興味がなくなった」「ムカつく」という反応を生じさせたり、依存している対象から目をそむけることにつながるのです。


ところで、依存には脳内ホルモンのバランスを保つ働きもあります。

たとえば、仕事だけが生き甲斐《がい》という「仕事依存」の人が、定年などで職を失ってしまうと、咳が止まらないなど風邪のような症状が続いたり、うつ状態になってしまったりすることがあります。これは、仕事への依存が断たれて脳内のホルモンのバランスが崩れてしまったことが原因です。

恋愛中だった人が失恋すると、胃が気持ち悪くなったり、食欲に異常をきたしたり、イライラしたりするようになるのも同じ。恋愛に依存することができなくなって、脳内ホルモンのバランスが崩れてしまっているのです。

依存には孤独がセットになっている

もう一つ、依存の問題を考えるときに重要なのが「孤独」です。

実は、**仕事や恋愛に依存状態になっているとき、脳内麻薬によって「脳の孤独を感じる部位」が麻痺《まひ》していることがあります。**

ただし、これは一時的なもので、その後は脳の孤独を感じる部位が以前よりも活発に働くようになります。

つまり、脳内麻薬に依存し始めると、どんどん孤独が強くなるのです。だから、より強い依存が必要になり、依存から「逃げられない！」という悪循環に陥ってしまう。

孤独には面白い作用があって、「孤独になるかもしれない」という危惧を抱いたときに、脳内では通常流れている微弱な電流ではなく強烈な電流が一気に流れます。

その結果、発作的に破壊的な人格に変身してしまったり、体が固まって動けなくなったり、記憶が抜け落ちたり、といった現象が起きてしまいます。

ですから依存における「否認」は、自分の意思で認めないというよりも、発作的・反射的に「NO！」と言ってしまう現象ともいえるのです。

ある女性は、暴力をふるう、仕事はしない、しかも浮気性という絵に描いたようなダメ男と付き合っていました。**散々ひどい目に遭わされながらも、「別れられない」と言い張ります。**

彼女の友人が「あんな悪いヤツと付き合うのはやめなよ」とアドバイスしても、彼女は能面のような表情のない顔つきになって、「あの人には私が必要なの！」と耳を貸しません。

そうなのです！　彼女はダメ男との恋愛に依存しているのです。

そして**依存には孤独がセット**になっていて、彼女の場合も、他人から「あんな男からは逃げたほうがいい」と言われたときに脳の孤独を感じる部位が刺激され、脳内で

別れたほうがいいって…
あの人には私が必要なの
BEER

「ビビビッ！」と強烈な電流が一気に流れて、その結果、発作的・反射的に「あの人には私が必要！（＝逃げられない！）」と言ってしまう。まさに、無限ループの中に閉じ込められてしまっているといえるのです。

最近、WHO（世界保健機関）に「疾患」として認定された「ゲーム依存症（障害）」も同じような仕組みです。

親に「いつまでゲームやっているのよ！」と注意されても、孤独を麻痺させる脳内麻薬が分泌されているので、「ゲームを取り上げられたら孤独になってしまう！」と感じて、発作的に「そんなの私の勝手でしょ！」とキレてしまう。

こうして、ゲームをやることからますます逃れられない状態に陥ってしまうのですね。

2

お酒に依存してしまう人の心にも「孤独」が潜む

なぜお酒をやめられないのか？

お酒に依存してしまう人と、そうならない人がいます。これまでも医学的あるいは心理学的にさまざまな説明がなされてきましたが、最近では、アルコール依存症になる遺伝子のことまでわかってきています。

ここでは、アルコールと孤独の関係について見ていこうと思います。そこには、とても興味深いメカニズムがひそんでいることがわかります。

お酒を飲んでそのときの記憶が抜けてしまうことを「ブラックアウト」といいます。この現象は、お酒の影響で「脳の発作」が誘発されたことによるものと私は考えています。

それが悪いほうに出ると、「お酒の席で上司にひどいことを言っちゃった……」などということになります。脳の発作で破壊的な人格に「変身」してしまったのですね。

実は、このお酒で発作を起こしやすいタイプの人が、アルコール依存症になってしまう傾向があるのです。


お酒を飲んだことで脳の発作が起き、破壊的な人格に変身して、「明日は朝早くから仕事だけどかまうものか、どんどん飲んじゃえ！」と思ってしまう。そして次の日は、朝起きられず会社を遅刻。すると、みんなから白い目を向けられ、孤独を感じてしまう。

孤独を感じることで、脳内で通常よりも強い電流が一気に流れて発作が起きるため、「こんな会社で真面目に仕事なんかやってられるか！」と破壊的な考えになって、その結果、仕事で失敗する。

そして「これじゃあ会社をクビになってしまうかも？」と不安になり、孤独が湧き起こってくる。

するとまた孤独が発作を誘発し、「こうなったらもう酒を飲んじゃうぞ！」となって発作を増幅する、という悪循環になってしまうわけです。
まとめると、次のような流れになります。

お酒で脳の発作が起こる
↓
破壊的な人格になり、失敗してみんなから白い目で見られる
↓
孤独が刺激される
↓
発作で破壊的な人格になり、仕事で失敗する
↓
「クビになるかも」という不安で、孤独が湧き起こる
↓
酒を飲むという行為がくり返される

孤独の連鎖で症状が悪化

アルコール依存症の人に、家族や恋人などの親しい人が**「飲むのをやめたら」と注意するのは、逆効果**だといわれています。

相手は心配して言ってくれているのに、「誰も自分の気持ちをわかってくれない」「対等に扱われていない」と感じて孤独が刺激され、発作で「飲むのがやめられない！」という悪循環に陥ってしまうからです。

実は、この**お酒がやめられない人と親しい人の側にも、孤独の発作が条件づけられているケースが多く見られます。**

たとえば、アルコール依存症の夫を持つ奥さんがいるとします。

「夫が酒を飲んで周りの人に迷惑をかけたら会社をクビになって、私自身も孤立する」と、奥さんも不安に襲われ、奥さん自身が孤独を刺激されて発作を起こし、破壊的な人格に変身してしまう。その結果、飲んでいる相手に対して言ってはいけないことを言ってしまって、状況をさらに悪化させるということもあります。

あるいは、奥さん自身が発作を起こして、「飲むのはやめて！」と言いながらお酒を買ってくるという真逆の行動をとってしまったりするのです。

そうなると、医療の専門家やカウンセラーが、「お酒を買ってくるのはやめてください ね」と注意しても耳を貸さず、してはいけないことをくり返してしまいます。

また、アルコール依存症の男性は、アルコール依存症の家庭で育った女性と結婚する確率が高いこともわかっています。それはお互いの孤独の波長が合うからかもしれません。

アルコール依存症の家庭で育った子どもは、「親のお酒の問題を外で口にしてはいけない」という気持ちから孤独に陥り、その結果発作を起こして、「いい子ちゃん」という別人格に変身してしまうということがあります。

「いい子ちゃんだったら何も問題はないのでは？」と思われるかもしれませんが、その「いい子ちゃん」という人格は、その子にとって、「本来の自分」ではありません。脳内で孤独に関係する部位が活発に活動した結果の「いい子ちゃん」にすぎません。

「本来の自分」で生きていないと、周りの人には「偽りの自分」で判断されますから、「誰も自分のことをわかってくれない」という孤独に襲われ、発作が止まらなくなります。こうして「自分の人生を生きられない」という苦しみの虜《とりこ》になってしまうのです。

このように、お酒がやめられない人の周辺には、「あなたのお酒の飲み方はおかしい」「あなたはまともじゃない」などと注意して、その人の孤独を刺激する人が存在する可能性があります。

その人は「相手のことを思って言っている」と本気で信じているのですが、実は、その人自身が孤独をきっかけに、発作で破壊的な人格に変身しているケースもあるのです。

相手も孤独になれば、自分だけが孤独ではなくなる——。

孤独で発作を起こして破壊的な人格になった人は、そんな悪意を隠し持っていたりするのです。

もう飲むのはやめてよ
あの人はお酒が好きだから…
BEER
スーパー

3 パワハラ上司の頭の中は「孤独」でいっぱい!?

パワハラすると脳内麻薬が分泌される

「おまえはうちの会社の疫病神《やくびょうがみ》だ!」

こんなひどいパワハラ発言をする上司の頭の中では、脳内麻薬が分泌されています。脳内麻薬の影響で脳の孤独を感じる部位が一時的に麻痺するため、「自分はすごいんだ!」といった気分になり、高圧的な暴言を吐いてしまうのです。

問題は、脳内麻薬によって孤独が麻痺すればするほど脳内の孤独を感じる部位の働きは逆に活発になってしまうことです。 麻痺がなくなったときには孤独を感じやすい状態になっていますから、その後も部下のちょっとした言動で、「オレをバカにしている!」とか「オレのことをおざなりにしている!」などと過剰に反応します。そして、再び破壊的な人格に変身し、より一層ひどいパワハラ発言をしてしまうのです。

パワハラは脳の「発作」によるものですから、本人には悪いことをしている自覚が全くありません。

脳にいつもより強い電流が一時的に流れ、「電気ショック」を受けたような状態なので、自分にとって都合の悪いことは見事に記憶から抜けてしまいます。

だから、後でその上司のパワハラが問題になっても、「そんなことは言っていない！」と平気な顔で言えてしまいます。

でも、上司本人は「オレは記憶力には自信がある」と思っています。しかし、ふだんは記憶力がよくても、発作のときは記憶が抜け落ちてしまっていますから、パワハラを注意されても、逆に「部下のほうがおかしい」と、自分が被害者のように思い込んでしまうのです。

部下の側はというと、暴言を受けたときに「自分だけが怒られている」と反応して孤独が刺激されて脳内で発作が起きてしまい、電気ショックで固まって動けない状態になってしまいます。

この「固まって動けない状態」を、上司の側は「ふてくされた態度をして自分をバカにしている」と受け取り、自らの孤独をさらに刺激して、激しいパワハラの発作を誘発してしまいます。

このとき、上司の側では、自分に都合の悪いことは記憶から抜け落ちますが、部下のミスなどの記憶はしっかりと残っているので、それがますます破壊的な人格に変身させてしまうのです。

パワハラする人、される人の「共依存関係」

部下の側も、「自分だけがなぜ?」と孤独を刺激されることで発作を起こし、破壊的な人格に変身している可能性もあります。

その結果、「上司から注意されたことはあえてやらない」という〝受動攻撃〟をするのです。

〝受動攻撃〟とは、たとえば、わざと間違ったり、言われたことを守らなかったり、さらに無意識のうちに上司の前で反抗的な態度をとるなどの行為です。

これがまた、上司の孤独を刺激するのです。

では、そもそも上司がパワハラをする目的はいったいどこにあるのでしょうか。

それは、パワハラをして部下が孤独になれば「自分だけが孤独」とはならない、というところにあります。

さらに、部下の側も、同僚などから「大丈夫?」とか「あんな上司を相手にしてはダメよ」などと同情されることで、孤独から解放される感覚を味わうことができます。

でも、人から同情されることによる孤独からの解放は、脳内麻薬で脳の孤独を感じる部位を麻痺させるのと同じで、後で孤独をさらに強くしてしまうのです。

だから、ますます破壊的な人格になって上司を刺激する、という悪循環になってしまいます。

しかし、パワハラ問題がやっかいなのは、そのことだけではありません。

パワハラを受けているときの苦痛で脳内麻薬が分泌され、それによって孤独の感覚が麻痺します。その結果、「この人から離れたら自分は孤独になる！」と感じてしまうのです。

こうして、パワハラをする相手から逃げようとするのではなく、逆に離れられなくなってしまうわけです。

パワハラ上司が、孤独を麻痺させる脳内麻薬を分泌させてくれる——その依存関係によって、部下はパワハラ上司から逃げられないのです。

だからパワハラする人から離れられない

上司の側も、パワハラをしているときは脳内麻薬が分泌されて孤独が麻痺するので、パワハラ行為がやめられなくなります。

部下の側も、パワハラ上司から離れようとすると孤独を麻痺させる薬物を取り上げられるのと同じ状態になります。脳内では「この人から離れたら私は社会でやっていけなくなる！」という恐怖感が襲ってきて、どうしてもパワハラ上司から離れられなくなるのです。

パワハラをされている人から相談を受けたとき、「そんなひどいことをされるんだったら、その相手からとにかく離れなきゃダメよ！」といったアドバイスをしがちですが、言われたほうは**「路頭に迷って極貧生活を送っている自分」**のイメージが湧いてきてしまいます。

これは、「相手から離れることによる孤独」を予期したことで起きた発作による幻想だったり、脳内麻薬が絶たれるかもしれないという恐怖が引き起こす思い込みだったりします。

また、部下がパワハラ上司からなんとか離れることができたとしても、また、違う人とパワハラによる共依存関係になってしまうことがあります。

これは、パワハラをされたときにできた心の傷を、同じような体験をすることでその記憶の整理をしようとする**「トラウマの再上演」**による可能性があります。

あるいは、孤独を刺激された結果、発作が起きて破壊的な人格になり、パワハラをする人と再びお互いに脳内麻薬を分泌し合う共依存関係を作ってしまって、逃げられないこともあるのです。

第3章

「孤独」と「嫉妬」の意外な関係

1

コントロール不能!「嫉妬」が起きるメカニズム

「自分より下」の人間に嫉妬を覚える不思議

私が以前勤めていた会社で、後輩が上司から褒《ほ》められている様子をたまたま目撃して、強烈な嫉妬を覚えたことがありました。

その後、後輩に対して一生懸命に笑顔を作ろうとするのですが、自分でもわかるくらい顔が能面のようになってひきつっていました。

それからは、後輩に対してぞんざいな態度をとったり、自分でも意識しないまま相手を陥れるような言動をとったりするようになりました。

「褒められていい気になっていると足元をすくわれるぞ!」といったことを後輩に口にしたこともありました。

そのときの私は、嫉妬で破壊的な人格に変身してしまっていたのです。

私の嫉妬の根底には、「後輩が評価される一方で、自分は誰からも相手にされなくなり、孤立してしまう」という恐怖感がありました。

〈自分が努力して勝ち取ってきた周りからの信頼を後輩が簡単に奪ってしまった〉→〈周りが自分から離れていく〉→〈自分は孤独になる〉

と考えることで孤独が刺激され、嫉妬の発作を起こしていたのです。


嫉妬の感情は、「自分よりも立場が下だと思っている人間が、自分よりも優れたものを持っている」と感じることで起きます。


「自分よりも立場も経験も下の後輩が、自分よりも優れた能力を持っている！」と感じた私は、孤独になる予測から嫉妬の虜になってしまったのです。

もちろん、嫉妬に燃えている最中はそのことで頭がいっぱいですから、これは後から分析した結果わかったことです。

振り返ってみて、「なるほど！　孤独がカギになっていて、嫉妬から逃れられなかったんだ！」ということが見えてくるのです。

嫉妬で一番わかりやすいのが、恋人同士のデートの最中に相手が自分以外の異性を目で追ったときに感じる気持ちでしょう。

相手が急にふくれっ面《つら》になって黙り込んでしまい、「何かあったの？」と聞いても、「別に」をくり返すだけで、そのうちにこっちもだんだん腹がたってきて……という経験は、心当たりがある人も多いでしょう。

この場合の嫉妬はシンプルで、自分のほうが相手のことをよく知っていて、相手のために尽くしているのに（自分のほうが優れているのに）、初めて会った人間に相手の視線を奪われてしまった、ということで孤独を感じてしまうのです。

「私が受けるべき〝優しさ〟を奪わないで！」

ある男性の例ですが、パートナーの女性が胃けいれんを起こして「お腹が痛い」と苦しんでいるときに、「おまえは甘ったれているから腹が痛くなるんだ！」と鬼のような表情で怒鳴りつけた上、近くにあった椅子を蹴飛ばしたといいます。

苦しんでいるパートナーにとっては、彼のとった言動は大変なショックだったことが想像されます。

彼はなぜ、このようなひどい言動をとったのでしょうか。

実は、この女性はそれまでにも胃けいれんを起こして救急車で運ばれたことがありました。医療機関に向かう途中、救急隊員が容体を案じて、彼女に「大丈夫ですか？」と優しい言葉をかけました。

救急隊員としては当然の対応なのですが、それを見た男性に嫉妬の感情が湧き起こります。しかし、その嫉妬は、ヤキモチによるものではなく、**「誰も自分には優しい言葉をかけてくれないのに、今、彼女は優しい言葉をかけてもらっている！」**という気持ちからくる嫉妬でした。

「彼女は『お腹が痛い』ということを使って、自分が受けるべき周りの人からの心配という〝優しさ〟を自分から奪っている！」という嫉妬にイラだったのです。

この場合も、「自分はふだんから彼女よりも一生懸命に頑張っている」といった自分のほうが彼女よりも優れている、という意識が根底にあります。つまり「自分より下」の人間がいい思いをしている、という気持ちから嫉妬してしまうのです。

オレこそが
優しく
されたいー!!

嫉妬されている彼女としては、「自分は心も体もボロボロで、嫉妬されるような要素なんてどこにもないのに」と理解に苦しみます。しかし彼氏のほうは、「周りの人の心配や優しさを彼女に奪われた」「自分には誰もかまってくれない」という思いから孤独が刺激され、嫉妬の感情が起きてしまうのです。

2

親が子どもに、医者が患者に嫉妬するなんて……

誰も孤独の引力からは自由になれない

私のところに相談に見えたある男性は、小学生の娘が勉強しなくて困っている、と嘆いていました。この方は開業医をしておられたので、私は「お医者さんであるお父さんの職場を娘さんに見せてあげてください」とお伝えしました。

男性はさっそく実践に移し、その結果、娘さんは目を輝かせて「私、勉強して産婦人科医になる！」とお父さんに宣言したといいます。

ところが、これに対し彼は、「産婦人科医は大変だよ」と言ってしまったというのです。

せっかく娘が勉強を頑張る動機付けができたのに、なぜ水を差すようなことを言ってしまったのでしょうか。

世間一般では、「親子間には嫉妬の感情はなく、親は無条件で子どもの幸せを願うもの」ということになっています。でも、**嫉妬は動物的な反応**ですから、「自分よりも立場が下なのに、自分が得られないものを得る」という条件下では必ず起きてしまうのです。

この場合も「娘」という下の立場の人間が産婦人科医になったときに、〈自分が得られない尊敬を周りから得る〉→〈自分は見向きもされなくなる〉というイメージが浮かぶだけで孤独が刺激され、嫉妬の発作が起きて、娘の夢をぶち壊すような発言をしてしまうのです。

親といえども一人の人間です。孤独の引力から自由でいることはできません。我が子にも嫉妬してしまって、子どもも孤独になるような破壊的な言動をとることもあるのです。

子どもの引きこもりの原因が父親の嫉妬？

「親が子どもに嫉妬するなんておかしいじゃないか！」と一般の人は思うかもしれません。「そんな親がいるわけない」と否定するでしょう。

でも、前にも書きましたが、**嫉妬も発作の一種**ですから、親子間で起きても不思議ではないのです。

発作だから自分ではコントロールできません。孤独で発作を起こしてしまうタイプの人は、嫉妬の発作も自動的に起こしてしまっているのです。

これは、引きこもりの息子さんがいる、ある男性のケースです。

話をうかがうと、朝、洗面所などで息子と顔を合わせても、息子は無視してあいさつをしないといいます。

このときのお父さんの顔は、能面のように無表情になっています。息子のほうは「お父さんから嫌われている」「ぼくは見放されている」と感じているので、あいさつする気が起きません。

実は、ここにも嫉妬が働いています。

〈引きこもりになった息子を妻が心配している〉→**〈息子に妻の愛情を奪われた〉**となって、男性に嫉妬の発作が起き、自動的に能面のような顔になってしまうわけです。

男性も、本などで読んで「子どもには笑顔で接しないとダメだ」ということを理解しているのですが、**息子の顔を見た瞬間、脳内では孤独による嫉妬の発作が起き**、また同じことをくり返してしまうのです。

さらに、妻から「あなた！　もっと息子のことを理解してあげてよ！」と言われたりすると、ますます「息子は自分から妻の愛情を奪った」という思いが高まり、激しい嫉妬の発作が起きて、つい「うるさい！」と怒鳴ってしまうのです。

男性の心の中には、「このまま息子が引きこもりを続けて社会に出られなくなったらかわいそう」という思いがあるのは事実です。

でも、孤独が刺激されると、自動的に嫉妬の発作が起きてしまい、「わかっちゃいるけどやめられない！」という状態になるのです。

医者が患者に嫉妬するとき

最近は、インターネットでなんでも検索できてしまう時代です。たとえば、体調を崩してお医者さんの診断を受けても、患者さんはネットで病名や症状について検索し、自分なりに勉強します。ときには専門的な論文にまで目を通すことだってあるでしょう。

そして、次の診察のときに「先生、ネットでいろいろ調べたんですけど、こっちの可能性もあるんじゃないですかね？」などと質問したりするのですが、医者の中には、それに嫉妬の炎を燃え上がらせる人もいます。

「えっ？　お医者さんのほうが専門的知識も豊富だし、お金だってたくさん稼いでいるんだから、患者さんにいちいち嫉妬なんかしないんじゃない？」と思われるかもしれませんが、嫉妬は何度も言うように動物的な発作です。頭でコントロールすることができません。

「自分のほうが立場的にも知識的にも金銭的にも優れているのに、患者が私の診断結

果に異議を唱えてきた」とお医者さんは考えます。

社会的立場が上にいる人であればあるほど、「それが脅かされるかもしれない」「医師としての立場を失うかもしれない」という孤独への恐怖で嫉妬の発作が起きるのです。

とくに、患者さんがネットで調べた有名大学病院の先生のコメントなどを伝えたりすると、お医者さんの発作はひどくなり、患者さんは嫉妬の集中砲火を浴びます。その影響で、患者さんの不安が増すだけでなく、症状までひどくなることすら起きてしまうのです。

「ドクターショッピング」の落とし穴

ところで、「ドクターショッピング」という言葉を耳にしたことがあるでしょうか。患者さんがより良い医療サービスを求めていろいろな医療機関を渡り歩くことをいいますが、これにも嫉妬が絡んでいます。

ドクターショッピングする患者さんは、「この医者の言うことはあてにならないから別の医者に診てもらおう」「ここと違って、私に向いたもっといい治療法があるはず」と考えているわけで、医者を取っ替え引っ替えします。

それで症状が改善されればいいのですが、逆に、いろいろなお医者さんに相談すればするほど、治療を受ければ受けるほど、患者さんの不安が増すのがドクターショッピングの特徴です。

これは一般に患者さんの側の問題とされていますが、実は必ずしもそうとは言い切れません。

なぜなら、**ショッピングする側（患者）ではなく、ショッピングされる側（医者）の嫉妬が関わっているからです。**

つまり、患者さんが「○○クリニックの先生はこんなことを言っていました」と他の医者の話を伝えると、それを聞かされた医者は嫉妬の発作を起こし、破壊的な人格に変身してしまうのです。

そして、わざと患者さんの不安を煽《あお》るようなことを口にしたり、「患者は黙って医者の言うことを聞いていればいいんだ！」とばかりに高圧的な態度をとったりします。発作なので、当人にはひどいことを言っているという自覚は全くありません。

このように、ドクターショッピングの隠れた問題点は、ショッピングされる側の医者の嫉妬を誘発することにあるといえるのです。

3

「いい人」からの優しいひと言にご用心！

悩みを相談した相手から嫉妬される

ある30代の女性は、体の痛みがなかなか消えないという悩みを訴えておられました。確かに一向に良くなる気配がありません。

あるとき私は、「おかしい」と思い始めました。痛みというものの性質上、同じ痛みがこんなにも長く続くのはめずらしいと考えたのです。

そこで、「もしかして、周りの方に体の痛みのことを相談していませんか？」と聞いたところ、「えーっ⁉　なんでわかるんですか？」とびっくりされました。

友人3人に、「体の痛みが治らないんだけど」と、くり返し相談していたというのです。

友人たちは「大丈夫？」「無理しないほうがいいんじゃない？」「ちゃんとゆっくり寝てる？」「体のストレッチとかしたほうがいいよ」なんて優しい言葉をかけ、いろいろなアドバイスもしてくれるそうです。

しかし私は彼女に、友人に体の痛みを相談するのをすぐやめるよう伝えました。

お話ししたように、嫉妬は「自分よりも下の立場の人間が、自分よりも優れたものを持っている」という条件で、下の人間に対して発動されます。右のケースでは、相談するほう（女性）と相談されるほう（友人たち）では、するほうがされるほうよりも立場が下となりますから、嫉妬の対象になってしまいます。

そして、病気に苦しむ人は周りから何かと優しくされますから、**「私は人から同情されたり優しくされたりしないのに、あの人だけずるい！」**となってしまいます。それが人間心理です。

結果、病気の悩みを訴えてきた人に対し、相談を受けた人が嫉妬の発作を起こしてしまうのですね。

しばらくして彼女がやってきて、「友人たちに相談するのをやめたら、痛みがなくなりました！」と目を輝かせて報告してくれました。

脳と脳はネットワークでつながっている

ここで注目していただきたいのが、**「脳のネットワーク」**という考え方です。

〈嫉妬する人〉の脳内では、通常よりも大量の電流が流れ、それが「脳のネットワーク」を通じて〈嫉妬される人〉にも伝わります。伝わった電流が〈嫉妬される人〉の脳の身体感覚野を刺激して、「痛みが取れない！」という現象が起きてしまうわけです。

「脳のネットワーク」とは私の造語ですが、たとえば、落ち込んでいる人といっしょにいるとこちらまで気分がふさいでくるのは、**人間の脳と脳が無線ＬＡＮのようにお互いにネットワークでつながっている**からだと考えています。

人間の脳は個人個人の中だけ、つまり単独で存在しているのではなく、個体を超えて脳同士がネットワークでつながり合い、感覚や感情を送受信し合っています。だから、自分の考えだと思っているものも実は脳のネットワークを通じて誰かから流れてきたものかもしれないし、突然襲ってくる不愉快な感覚などもネットワークを通じて誰かが送っているものである可能性もあります。

つまり、この女性は友人に相談することで友人の嫉妬をかきたて、脳のネットワークを通じてその刺激を受け続けたために、いつまでも痛みが取れなくなっていたのです。優しい言葉の裏にある嫉妬の発作で、痛みから逃げられなくなっていたのですね。痛みがいつまでも取れないから、また友人に電話をせずにはいられない……こうして悪循環が発生していたわけです。

そもそも、人に悩みを相談すること自体が、逆に自らの困難な状況を招き、そこから逃げられなくさせている原因なのかもしれません。

なぜなら先にお話ししたように、**「相談する」ということは、相談する相手よりも自分の立場が下になる**ということだからです。そのことで、相手の嫉妬に火をつけることだってあるのです。

「いい人」だって嫉妬する！

また、こういう考え方もできます。

相談する側の人は、相手の人のことを「自分よりも優れているから良いアドバイスをくれるだろう」とか「優しく親身になって相談にのってくれるだろう」などと相手のことを認めているから相談するわけです。

このように、**相手の能力や人格を認めることができる人は、本人にはその自覚がありませんが、「優秀な人」といえます。**なぜなら、人は余裕がなければ、相手の能力や人格などを認めることはできないからです。

しかし、その優秀さゆえに〈相談される人〉から嫉妬され、潰《つぶ》されそうになる。そこからくる悩みを誰かに相談し、また嫉妬で潰される……という悪循環を作り出していたのです。

人に相談すればするほど優しい言葉の裏にある嫉妬の「電気ショック」で、相談する相手から逃げられない状況を作り出してしまっているのです。

以前、私がある会社でサラリーマンとして働いていたときのことです。女性の先輩から「ランチに行かない？」と誘われました。後輩に優しく、仕事もできる先輩だったので「ありがとうございます！」と迷わずついていきました。

食事中も「あなた、仕事すごくできるわね！」と優しい言葉をかけてくれます。そのうち「なんでいつまでもこんな会社で働いているの？　あなたなら独立してやっていけるのに」なんて言われたのです。

「はぁ〜、そうですか？」と応えながら、私はちょっとうれしくなりました。「先輩から認めてもらった」と思ったからです。

しかし1週間後、「大嶋はこの会社を裏切って独立しようとしている」という噂がたち、それが社長の耳に入って、なんと私は会社をクビになってしまったのです。

後でわかったことですが、発信元はこの先輩でした。まさに「え〜っ!?　うっそー！」の出来事でした。

今このケースを冷静に考えると、こういうことになるでしょう。

まず、私の中に「職場の誰も私のことをわかってくれない」という孤独があって、それで私に発作が起き、その私の発作が先輩の孤独を刺激して、今度は先輩に嫉妬の発作を起こさせた。

このように、あなたが孤独を感じているときに、人から優しい言葉をかけてこられたら要注意。「この人、いい人!」なんて感動している人は、お人好しかもしれません。

その優しい言葉の裏で、嫉妬の炎が燃え盛っていることがあるからです。

第4章

孤独を解消して「一体感」を得る方法

1

孤独は解消しようとすればするほどひどくなる

孤独を解消して「逃げられる自分」になる

高校生の頃、私はこれまでに述べたような孤独からくる発作によって、いじめっ子から逃げられなくなり、どんどん自己肯定感が下がってしまう状況に陥っていました。自己肯定感が下がると、「誰も私のことなんか相手にしてくれない」という思いからますます孤独が強まり、脳の孤独を感じる部位を麻痺させるために性的妄想にふけって脳内麻薬を分泌させようとしていました。

すると、脳内麻薬で麻痺させた孤独はさらに増幅して勉強に集中できなくなり、私はどんどん惨めな状況になっていきました。そこから逃れようにも孤独が邪魔をして、どうにもならなくなっていたのです。

勉強ができなくなった私は、「誰からも認められない」という孤独の虜になり、やがて人の気持ちを考えることがやめられなくなりました。

そして、いつの間にか自分の気持ちで生きるのではなくて、人の気持ちばかり考えて生きるようになってしまったのです。

こんなに相手の気持ちを考えているのに、「誰も私のことなんか相手にしてくれない」と思うと、さらに孤独が増します。

すると、もっと人の気持ちを考えて生きるようになってしまい、いつの間にか私は抜け殻のような状態で、自分で自分のコントロールができない、何事からも逃げられない人間になってしまっていたのです。

そうです。私は**孤独で人の気持ちを考えることがやめられなくなっていて、自分らしく生きられなくなっていたのです。**

また孤独によって自分のやりたくないことから逃げられなくなり、自分の貴重な時間を潰してしまっていたのです。

だったら、孤独が解消されれば、人の気持ちではなくて自分の気持ちだけを考えることができるんじゃないか？　そうなれば、自分らしく生きられる、ということに気がつきました。

孤独が引き起こす発作から自由になって、本当にしたいことのために自分の時間を使うことができるようになる。それがものすごく魅力的に思えたのです。

でも、これまで生きてきて、孤独を解消しようとしてあれこれやってきたけれど、ことごとく失敗してきたわけです。

なんとか孤独から自由になろうとするのだけれど、結局、孤独に呑《の》み込まれ、不幸から逃げられない人生を歩んできてしまった。そんな自分に、今さら孤独を簡単に解消することなどできるのだろうか。

そう考えたら、「むずかしいかも……」となってしまったのです。

なぜむずかしく感じたかというと、孤独の本質をちゃんと理解できていなかったからです。

自分の力でなんとかしようとしないこと

ここまで折りに触れ「孤独は発作である」と書いてきましたが、孤独の本質は、まさにそこにあります。

発作という反応は、「解消しようとすればするほどひどくなる」という性質があります。

だから、孤独を麻痺させようとしてアルコールや薬物に頼れば頼るほど、どんどん孤独感が強くなり、ますますそこから逃げられなくなるのです。

「脳内麻薬」で孤独を解消しようとしても同じことです。どんどんひどくなって、脳内麻薬に依存する状態から抜けられなくなってしまいます。

だから相手が孤独の発作を起こしている場合、なんとか解消してあげようとすればするほど、相手の発作はひどくなります。

そういうときは、**「孤独の発作を起こしているんだな」と認めるだけにとどめ、そ**

の発作を解消してあげようとしないことです。

そうすれば、相手は「あれ？　発作が治まった！」となるから不思議。

このことを意識と無意識のレベルで考えると、**意識の力には限界がありますが、無意識の力には限界がありません。**「発作を解消してあげなきゃ！」と思うときは意識の力が働くので、相手の症状はどんどんひどくなるのです。

逆に、解消してあげようとしなければ、無意識の力が働くため限界がなくなり、「発作が治まった！」という奇跡が起きてしまうわけです。

自分の中で起こる孤独の発作も、「あっ、孤独で発作が起きている！」と認めるだけにとどめ、解消しようとしないこと。そうすれば無意識の力がちゃんと働いて、発作が消えて、**現実の世界へと自分を引き戻してくれるのです。**

そして、自分を取り巻く世界が、自由を奪われて逃げられないと思っていた場所ではなく、意識が作り出した幻想の世界だったことがわかってきます。

そうです。孤独の発作を無意識に任せていくと、やがて孤独から解放された自由な世界が広がってきます。「この世界こそ、私の現実なんだ！」ということが自覚できるようになるのです。

ムカつく人、嫌いな人も孤独だと認める

ある人に対して怒りを覚え、その人のことが脳裏から離れなくなるのは、多くの場合、あなた自身の孤独の発作がきっかけです。

自分自身が孤独の発作を起こしているから、同じように孤独の発作を起こして破壊的な言動をしている人のことが気になり、頭から離れなくなってしまうのです。

そんなとき、その人を意識的になんとかしようとしないで、「相手も自分と同じで孤独の発作を起こしているだけ」と認めてしまう。

そして、その人の無意識に委《ゆだ》ねるのです。

するとその人は、無意識の力によって、意識が作り出す孤独の幻想の世界から逃れ、現実の世界で自由に生きることができるようになります。

ある女性は上司から「おまえは会社のお荷物だ！」とパワハラを受けていました。

「あの上司はいつも私ばかり目の敵《かたき》にして！」と怒りが湧いてきます。

さらに、「どうして私のことを目の敵にするんだろう？」と上司の気持ちをあれこれ考え始めます。

家に帰ってからも、上司から言われた嫌な言葉が頭の中をぐるぐると駆け巡って、完全に怒りに取り憑《つ》かれてしまっていました。

私がアドバイスした対処法は、**上司のことを考え始めたら「〝上司は孤独の発作を起こしているんだ！〟と認めてしまいなさい」というものでした。**

その上で、「自分が原因でどうこうじゃなくて、上司の中で起きている発作だから自分の問題じゃないんだ！」と納得できれば、上司のことをあれこれ考えなくなります。

翌日、会社でまた上司から「なんでちゃんとやらないんだ！」と怒鳴りつけられても、「ああ、今上司は孤独の発作を起こしているんだ」と思い、上司や自分の言動について考えないようにすると、不思議なことに仕事がスムーズにはかどるようになり、結果、上司からパワハラを受けない状況へと変わっていきます。

また、その後、別のシチュエーションで、上司が自分以外の部下と仲良く話しているのを目撃したとしましょう。

そのとき、イラっとして「なによ！　私の仕事は認めてくれないのに、ろくに仕事もできない人ばかりにいい顔をして！」と思ったら、「あ！　私は孤独の発作を起こしている！」と認めることです。

自分の孤独の発作を認めたときに、意識が作り出す幻想の孤独の世界から逃れられるようになります。

そして無意識に任せることで、幻想ではない現実の世界で生きられるようになります。そこは、これまでとは「全然違う世界！」と感じられることでしょう。

2

孤独なのは自分だけじゃない、みんな孤独なんだ……

母親の束縛から解放されたい

ある女性は、「どうしてお母さんは、いつも私にあんなひどいことばかり言うんだろう?」と考え始めたときに、私のアドバイスに従って、「お母さんは孤独の発作を起こしている」と認めるようにしました。そして、孤独の発作を認めるだけにして、こちらから意識的に働きかけないようにしました。

つまり、「お母さんの孤独を私がなんとかしなきゃ!」と意識的にならず、あとは無意識に委ねるようにしたのです。

そうしたら、母親の表情がどんどんニコニコとしたものに変わっていきました。孤独から自由になり、以前とはうって変わって明るく過ごせるようになったといいます。

この話にはまだ続きがあります。母親が明るくなったら、今度はこの女性が母親のことをいつも気にして、母親に対し「イラっとする」ようになったのです。「なぜ？」と思われるでしょう。

先にも話しましたが、相手の孤独の発作を認め、自分も相手も自由に生きられるようになってきたのに、相手に対して嫉妬の発作が起きる、というのはとても興味深い現象です。

その仕組みはこうです。相手が孤独から解放されたとき、その先には自由な世界が広がっています。相手が自由になるのがわかるから、嫉妬の発作が起きてしまうのですね。

では、**この発作の無限ループから逃れるにはどうすればいいかというと、くり返しになりますが、今、自分が孤独の発作を起こしていることを認めること。**

これができれば、あとは無意識の不思議な働きで、自分も相手と同じように自由になれることがわかります。

私はその女性に、母親にイラっとしたときは「私は孤独の発作を起こしている」と認めること、そして自分ではどうすることもできない発作なので無意識に委ねることをアドバイスしました。

こうしてこの女性は、母親に対するイラつきもなくなり、母親のことばかり考えないで自由に生きられるように変化していったのです。

自由になってみると、母親のことばかり考えることで自分がどれだけ行動を制限されてきたのかが見えてきました。母親による束縛から逃げられないという過去の状況を客観視できるようになったのです。

相手の孤独を知れば自分が変わる

私たちは、親であろうと、会社の上司であろうと、偉い先生であろうと、億万長者であろうと、**誰もが孤独を感じていて、そのために発作を起こすんだ**、ということを認めることが大切です。

すると、「自分だけ」という錯覚から解放されて、きちんと自分の孤独の発作を認めることができるようになります。

こうして、他の人の孤独の発作を次から次へと認めていくことができるようになると、自分で自分の孤独をなんとか解消しようと頑張ることもなくなり、自分の発作を無意識に委ねることができるようになるのです。

ある高校生は、軽音楽部の先輩からなぜか無視されるようになり、そのことで思い悩むあまり勉強に集中できなくて困っていました。

その先輩は楽器（ギター）がうまく、またイケメンで社交的で、高校の人気者でした。

でも、そんな先輩に、意外なことに自分に対する嫉妬の感情があることが認められるようになると、自分に対する先輩の言動を、これまでみたいにあれこれ考えなくなりました。

それまでは、「なぜ先輩は自分のことを無視するんだ！」とあれこれ思い悩むことで脳内麻薬を分泌させて孤独を麻痺させていたのですが、その必要がなくなったのです。

先輩も「あいつにイラっとする！」という怒りで脳内麻薬を分泌させて孤独を麻痺させていたのですが、孤独から解放されて自由に生きられるようになりました。

こうして、この高校生と先輩との共依存関係が解消されたわけです。

でも、その後、先輩が他の部員たちと楽しそうに談笑する姿を見てイラっとするようになったといいます。そこで私のアドバイスに従い、自分も嫉妬の発作を起こしていることを認めると、孤独の発作から解放され、勉強に集中できるようになりました。

その結果、彼は難関大学に一発合格し、周りからうらやまれる立場へと変わりました。

それまで、本人は負け犬的な立場にいて、そこから逃げられないと思い込んでいたのですが、それは孤独の発作が作り出した幻想にすぎないことが実感できるようになったのです。

その高校生は、学校の人気者で、あんなに誰とでも仲良くできる先輩にも嫉妬と孤独の発作があったことに驚くとともに、そのことで自分が救われたことに感謝してい

イライラ
怒るとキモチいい〜
本当は孤独
イライラ
怒るとキモチいい〜
つっ
イジめられて孤独

ました。

気づかいのないパートナーが激変

ある女性は、いっしょに暮らしているパートナーに対し、「なんで私の気持ちをわかってくれないの!」と、顔を見るたびイラっとしていました。

パートナーはサラリーマンだし、職場での人間関係もあるから、人に気をつかうことは日常的に行っているはずなのに、なぜ私に対しては気づかいがなく、無視するような態度をとるのか、考えれば考えるほど怒りが湧いてきてしまうのです。

しかし、あるとき、パートナーが孤独の発作を起こしていることを認められるようになりました。

自分がパートナーの孤独を刺激して発作を起こしてしまうから、パートナーは破壊的な人格になり、私がイラだつことをしてしまうんだ、ということがわかったのです。

それ以降、パートナーの気持ちをあれこれ推測したり、自分の力でなんとかしようとヤキモキしたりすることがなくなりました。

すると「あれっ？　パートナーの様子が変わったんですけど！」とびっくりするくらい、目に見える変化がありました。

いつもより楽しそうで、仕事の調子も良さそうな感じ。しかし、そこで女性は再びイラっとします。そのとき彼女は、「私から自由になって楽しくなりやがって！」と明らかに嫉妬の発作を起こしていたのです。

しかし、そのことを自分で認められるようになったらパートナーのことを一切考えずに行動できるようになり、本当の自由を実感するようになったのです。

パートナーのことを考えなくなったら、自分がこれまですごく孤独で、しかも自由を奪われていたことがわかりました。

今では、それに気づかせてくれたパートナーが、とても大切な存在になっています。

3 孤独から抜け出して自由になる魔法の言葉

不快になったら「今を献上《けんじょう》する」と唱える

ここで、もう一つ、孤独から逃げ出すとっておきの方法を紹介します。

それは、誰かに関して不快なことを考え始めたら、**「今を献上する」**という言葉を頭の中で唱える、というものです。

これは、カウンセリングの「逆説」という考え方を使ったテクニックです。

相手のことを考えて嫌な気持ちになり、不快感でいっぱいのときは、他のことは何も考えられない状態になっています。

つまり、私の「今」という貴重な時間を相手に「献上」してしまっているわけです。

そういうときは、「今を献上する」という言葉を頭の中で唱えてみます。

すると、「とんでもない！　あんなヤツに私の貴重な時間を献上なんかしたくない！」という気持ちになります。

こうして相手に今を献上しなくなれば、今の孤独と向き合うことになります。

「今を献上する」と唱えて、逆説的に相手に自分の今を与えなくなれば、自動的に自分の孤独と向き合い、それを認めることができてしまうのです。

孤独から逃げるのではなく、逃げずに認めたときに、不快な人間関係から自由になり、豊かな現実の世界を生きられるようになるのです。

「人に会いたい！」「楽しい人間関係を築きたい！」

ある女性は、元彼とその彼女のＳＮＳをチェックせずにはいられないことに悩んでいました。いつもＳＮＳを見た後は、ずっと嫌な気分から抜けられないでいたのです。

「そんなもの見なければいいのに」とみんなからは言われます。

その女性も「そんなことはわかっている」と言うのですが、それでも見てしまうのは孤独の発作を起こしているから。発作で逃げられない、という状態になってしまっていたのです。

私はその女性に、2人のSNSをチェックしたくなったら「今を献上する」と頭の中で唱えるよう勧めました。

その結果、女性は「あの女には私の今を献上したくない！」という気持ちになって、元彼の彼女のSNSをチェックするのをやめることができました。そして、彼女のSNSをチェックすることが、彼女に優越感を与えることに気づいたのです。

しかし一方で、「元彼には自分の今を献上していいかも」と思えて、元彼のSNSをチェックすることは続けたのです。

それでも、彼のSNSには相変わらず彼女が出てくるので、やがてその女性はSNSを見ると吐き気を催すようになりました。こうしてやっと「やっぱり2人に今を献上するのは嫌！」と思えて、ついに2人のSNSチェックをやめることができたのです。

そうすると面白いことに、女性は自然に自分の孤独と正面から向き合うようになりました。そして、それまで引きこもりがちだったのが、**「人に会いに行こう！」**とい

元カレだけにならば私の時間を献上してもいいわ…
ってこいつらいっつも一緒かい!!

う気持ちになって、楽しい人間関係を選択するようになったのです。そして「みんなといっしょにいて楽しい！」と、これまで得られなかった一体感を得られるようになっていたのです。

自分の孤独を認めると、みんなの孤独も認めることができる。そして、孤独な者同士が身を寄せ合えば、そこには一体感が生まれる——。

この女性は、そんな貴重な体験をすることができたのです。

「今を献上する」は、自分の孤独を認め、他人の孤独も認める上で、とても便利な言葉なのです。

第 5 章

「家族」の嫌なことから逃げ出したい

1

「あなたのため」が口癖の母親から自由になる方法

母親から逃げたいのに逃げられない

小学生の頃、ダラダラとテレビを見ていると、よく母親から「ちゃんと漢字の書き取りの練習をしてるの⁉　悪い点数を取ったら恥ずかしいんだからね！」などと注意されました。

「そんなのわかってるよ！」と言って立ち上がり、勉強部屋へと向かうのですが、ドアを閉めるや、ベッドの下に隠してある友人から借りた漫画本を読み始める……というのがいつものことでした。

「勉強しなくちゃ」と頭では思うのですが、「そんなのわかってるよ！」と言ったとたん、実行できなくなってしまうのです。

結局、次の漢字テストに全く勉強しないまま臨み、結果は最悪。答案用紙をくしゃくしゃにしてカバンの奥に隠してしまう、というようなことをくり返していました。あるとき、その隠した答案用紙を母親が見つけ出して、「あれほど言ったのになんでやらなかったの！」と怒鳴りつけられ、ビンタをされました。

ワンワン泣いて、「ごめんなさい！　わかりました。明日からちゃんと漢字の練習をします」と謝るのですが、いざ始めようとしても、ちっとも勉強する気が起きない……。そんな悪循環になっていました。

やがて私は、体調が悪くて家で寝ている母親とずっと家にいるようになり、だんだんと外の人間関係を作れなくなっていきました。**口うるさい母親から逃げ出したいのに逃げられない**、とあの頃は思っていました。

これを読んで、当時の私がただ母親に甘えていただけ、という感想を持たれた方もいるでしょうね。

「勉強ができないことや外の人間関係を作れないことを、母親に注意されたせい、ということにして逃げているだけだよ！」という声も聞こえてきそうです。

実際、こうしたことを母親から言われていて、自分でもそう思っていました。自分の「甘え」が問題である、と。

でも、成長するにつれ、親と子以外のいろいろな人間関係を経験するようになると、「あれ？　自分は人から注意されたり、指示されたりすると動けなくなる」ということがわかってきました。

さらに、心理学を学び、今の仕事を始めてから、たくさんのクライアントさんのケースを見ていくと、**「孤独の発作がある人から注意されると、人は動けなくなる」**ということがわかってきたのです。

親の孤独を認めてあげる

私は、自分の母親が孤独だなんて思ったことは一度もありませんでした。母親には兄弟姉妹がいてみんな仲がいいし、そしてちゃんと外の人間関係も築けている、と思っていたのです。

でも、これが、孤独の発作を起こしている人の共通パターンなのです。

「この人は孤独とは無縁なのでは？」と思える人ほど孤独の発作を起こしやすいのです。

「社交的で誰とでも笑顔で会話ができる、という人ほど、孤独の発作が起きやすい」というのは、私にとっても大発見でした。

簡単に言えば、私の母親は孤独の発作で私に注意し、私はそのことで「ビビビッ！」と発作の〝電気ショック〟を受け、動けなくなっていたのです。

母親の側から見ると、自分の孤独が刺激されたとき、「この子はこんなに勉強できなくて将来大丈夫かしら？」などと思い、自分の孤独を子どもへの心配に置き換えます。

そして「私がこんなに心配しているのに、なんでこの子は私が言った通りに勉強しないの！」とイライラして怒った瞬間、脳内麻薬が分泌されて、自分の孤独が麻痺して救われる、という悪循環にハマっていたのです。

「何かと母親がかまってきてうるさい」という状態は、母親が孤独の発作を起こしているときです。

表向きは「子どものためを思って言ってあげている」のですが、実際は孤独が刺激されて発作を起こして言っているだけ、なのです。

子どもがその発作の言葉に当てられると、「ビビビッ！」と帯電して、「嫌な気持ちから逃げられない！」となってしまう。

「子どものためを思って」というのは、実は最も危険な思い込みで、子どもを束縛して動けなくさせる可能性が高いのです。

そんなときは、自分の母親は孤独で今はその発作を起こしているのだということを認めれば、母親の発作から逃げることができます。

「自分の母親が孤独だなんて認めたくない。孤独であってほしくない」というのが、子どもの親に対する素直な気持ちでしょう。でも、それが親子ともども「逃げられない！」という状況を作り出してしまっているのです。

「親も孤独の発作を起こしていいんだ。それは当たり前なんだ」と認めること。

そして、親の孤独を子どもがなんとかしようとせず、「無意識に任せる」ことができれば、親も孤独の発作から自由になり、現実の世界を生きられるようになります。
もう、あなたは親の孤独の責任を取らなくていいのです。

2

苦痛を浴び続けると「学習性無力感」に

「努力しても無駄」と諦めたとき

アメリカの心理学者セリグマンが発表した**「学習性無力感」**という心理学理論があります。それは、次のような動物実験に基づいた理論です。

犬が入っているケージに電流を流します。すると感電した犬は一生懸命に逃げようとしたり、出してくれと訴えて吠《ほ》えたりします。

さらに電流を流し続けると、やがて犬は全く抵抗しなくなってしまう。ケージを取り払って外に逃げられる状態を作っても、チーンと動かなくなってしまうのです。

このように、**努力しても解決しない状況が続いた結果、諦めて無気力になってしまう、そんな状態を「学習性無力感」と呼びます。**

親子関係の例に戻りましょう。

親が子どもに口やかましく注意したり、小言を言ったりするとき、親は「子どもの将来が心配だから言ってあげている」と考えているのですが、それを聞いて子どもが不快に思う場合は、親は孤独の発作を起こし、脳のネットワークを通じて子どもに〝電気ショック〟を与えていることになります。

子どもが自由に行動しようとするたびに、檻《おり》から出てはダメと言わんばかりに、「本当にそんなことをやっても大丈夫なの？（＝そんなことをやると失敗するわよ）」と折りに触れ言うとしたら、子どもは電気ショックと同時にマイナスの暗示を親から与え続けられることになります。こうして、ちょっとでも不快なことがあれば、すぐにフリーズしてしまって失敗するようになります。

それを見た親が、「ほら見なさい！　私が言った通りになったでしょ」と、またまた発作の〝電気ショック〟を与えながら暗示をかけます。

こうして子どもは、学習性無力感を強めていくようになります。

「どうせ今の苦痛からは逃げられない。逃げようとすると必ず悪いことが起こって、再び元の状態に引き戻されるだけだ」と絶望するようになるのです。

親の指示がないと行動できない人

このような学習性無力感に陥っている人は、成長しても親の指示がないと行動できない大人になります。

たとえば、コンビニで買い物をするときも、「これを買っていいかな？」と、いい年をして親に許可を取らないと買えなくなったりします。

これは重症な例だとしても、親の許可がないと転職できない、引っ越しを決められない、などというのも学習性無力感が関係しています。

このように、**親の許可を必要として、自分で決断することができないのは、親の孤独の発作に幼少時から影響されてきてしまっているからにほかなりません。**

よく、上司の指示がないと行動しない、あるいは指示を受けたことしかしないという「指示待ち人間」が問題になったりしますが、これも学習性無力感が関係していま す。

世間では、親が心配性で絶えず子どもの世話を焼き甘やかして育てると指示待ち人間になると思われがちですが、これは「間違い！」です。

実際は、親の孤独の発作の影響を子どもが受け続け、自分は無力だということを学習し続けた結果、フリーズ状態になってしまっているから、子どもが自分の意思で動けなくなっているわけです。

親は、「子どもが動けないなら親がするしかない」と思って世話をするのですが、そのときも親が発作を起こすので、子どもはますます学習性無力感にとらわれてしまいます。

だから、社会人になってからも、指示されないと動けないし、私生活でも想像力を働かせて自由に行動することができなくなっているのです。

親の孤独が増幅し、その結果、子どもまでもが孤独で発作を起こすようになってしまっている状態が、引きこもりやモラトリアムだったりするのです。

学習性無力感に陥っているから、いつまで経ってもその状況から逃げ出すことができません。

捨てられない人が汚部屋《おへや》脱出に成功！

しかし、学習性無力感による無気力状態から逃げ出すのは、意外と簡単だったりします。

これまでにも述べてきた方法の応用で、**「自分で決められない」「自分一人で動くのは不安」となったときに、それが親の孤独の発作による〝電気ショック〟であると認めてしまうことです。**頭の中で**「親の孤独の発作を認める」**と唱えるだけでよいのです。

「自分が甘えているから」とか「優柔不断だから」、さらには「依頼心が強いから」など自分に原因を求めても、無気力状態から逃げ出すことはできません。こうした考えに陥ると、ぐるぐると同じところを回り続け、いつまで経っても解決の糸口が見えなくなってしまいます。

親の孤独の発作で動けなくなっていたことをきちんと認めることができれば、自分で決断して自由な世界に繰り出していけるようになるのです。

ある40代の女性は、あらゆる物を捨てられずに困っていました。「もしかしたらこれは使えるかも？」ということで、ペットボトルやトイレットペーパーの芯《しん》の類《たぐい》までどんどん溜《た》めた結果、家がゴミ屋敷状態になっていたのです。真夏にエアコンが壊れ、毎晩暑くて眠れないのに、部屋がそういう状態ですから、修理する人も呼ぶことができません。

心療内科で、強迫性障害の一種である「強迫的ホーディング（ホーディング障害）」と診断され、治療を受けました。でも、一向に改善しません。

彼女はなぜ自分がそうなったのかわからず、自分は貧乏性だから捨てられないんだ、と思い込んでいました。

ところが、私とのカウンセリングを通して、**母親の孤独による発作を浴び続けたことによる学習性無力感が原因**であることに気づくことができました。

そして「片付けられない」「捨てられない」と感じたときに、頭の中で**「母親の孤**

独の発作を認める」という言葉を唱えたら、捨てられる自分になることができたのです。

こうしてこの女性は、汚部屋状態から抜け出すことができました。捨てられる自分、片付けられる自分を実感し、「本当に学習性無力感が原因だったんだ！」と心の底から理解することができたのです。

3

結婚問題を左右する母親の嫉妬パワー

息子の結婚に波風を立てる根本原因とは？

「親は子どもの結婚を喜ぶもの」。きっと多くの人がそう思うことでしょう。

でも実際は、「親は子どもの結婚に嫉妬するもの」と言ったほうが正しいのです。

一番わかりやすいのが、母親（姑《しゅうとめ》）の、息子の嫁に対する嫉妬でしょう。

姑は、「大切な息子を自分よりも愚かな女に持っていかれてしまった！」と怒りの炎を燃やします。そして、ドラマ顔負けの嫁いびりに走るのですが、そうするのも嫉妬の発作で破壊的な人格に変身してしまっているからです。

でも、発作を起こしている当人は、「自分は間違っていない！」と信じています。後で嫁に対する暴言のことを責められても、「え？　そんなこと言ってない！」と記憶から抜け落ちてしまっていたりします。

姑は、息子夫婦の関係を悪化させることがわかっていても、発作だから〝暴言〟をやめられません。

お互いが不幸になるのがわかっているのに、その不幸から逃れることができない。発作は〝動物的〟なものなので、自分ではどうすることもできないのです。

このように、息子の結婚生活に波風を立てる根本原因の一つに、母親の嫉妬があることは間違いありません。やっかいなのは、そこに孤独の発作が絡んでいることです。

恋愛経験は豊富だけど結婚までいかない

近頃、「娘がいつまでも結婚できない」という親御さんの悩みを聞くことが多くなりました。

とくに最近は、「娘になかなか彼氏ができなくて結婚できない」という悩みではなく、逆に「恋愛経験はたくさんあるけど結婚にまでいたらない」という悩みをよく聞くのです。

「両親の夫婦関係が良好じゃなかったから、それを見て育った娘が結婚に夢を持てず、それが原因で彼氏ができても結婚にまでいたらないのでは？」と想像する方もいるかもしれませんが、これは半分当たって半分当たっていません。現実はもっとすごいことが起きているのです。

実は、ここにも母親の嫉妬が関わっています。

「一卵性親子」という言葉もありますが、**母親と娘の仲がとても良く、一方で母親と父親の仲があまり良くない場合、母親は娘に「お父さんってこんなにひどいのよ！」と愚痴をこぼしがちです。**

愚痴を言う母親のベースにあるのは母親自身の孤独です。この孤独が、母親が言うところの「ひどい夫」を介して発作を起こすと、娘は聞くに絶えない愚痴を聞かされることになります。そして、それが続くと、娘は学習性無力感に陥ってしまいます。

この無力感によって、自分の意思で結婚相手を決められない、という条件づけができます。

そして娘の中には、「お父さんのような問題がある人といっしょになったら大変なことになる！」という、世の男性に対する恐怖が条件づけられます。

その結果、自分のほうから男性を好きになることができない一方で、**学習性無力感の状態ゆえに男性に対しては基本的に「来るものは拒まず」という状態になっている。**だから、外見上の恋愛の数だけは豊富になるのです。

でも、男性との関係が深まってくると、母親が「私は幸せじゃないのに、あなただけ幸せになるなんてずるい！」と嫉妬の発作を起こし、その発作が脳のネットワークを通じて娘にも伝わってきます。すると娘は、「彼氏は浮気をしているんじゃないか？」とか「自分のことを本当は好きじゃないのでは？」といった破壊的な妄想を膨らませてしまったりするのです。

この妄想こそ、発作が体感させる幻想なのですが、そこで苦痛を体験すると、孤独を麻痺させる脳内麻薬が分泌されます。

その結果、逆に孤独がどんどん増していって発作がひどくなり、発作によってさらに破壊的な人格に変身し、彼氏との関係までも破壊して、最終的に「別れましょ！」となってしまうのです。

彼氏が娘を幸せにしてくれるタイプの男性であればあるほど、母親の嫉妬の電圧は高くなるため、それを受ける娘の妄想はさらにエスカレートして、彼氏のことを「この人って最悪！」という目で見てしまいます。

むしろ「この人といっしょになったら絶対不幸になる！」といったタイプの彼氏のほうが、母親からの嫉妬の電圧が低いので、「私に合っているかも！」と、とんでもない勘違いを引き起こしてしまうのです。

「男性に騙されているのでは？」と不安になったら

そんな彼氏を周りに紹介すると、「なんであんなダメ男と付き合うの？」とびっくりされてしまいます。

「この人だ！」と思っても、周りは全く違う反応を示すため、結局、自分の考えを貫けず、結婚にはいたらないのです。

こういう女性の場合、自分が結婚の方向に向かわない本当の原因がどこにあるかがわかるだけで状況が変わってきます。原因は、**自分が母親から孤独の発作を受けていることにあるので、それを認めてしまうのです。**

すると、ダメ男に対して、「あれ？　この人は私の趣味じゃないかも」と評価が友人と一致するなど、男性を見る目がガラッと変わってきます。

自分を**幸せにしてくれるタイプの男性**のことを、「この人のことが好きかも」と心から思えるようになり、相手からも好きになってもらえるいい関係になります。

もし、好きになった男性が自分のことを騙しているのではないかと不安になっても、母親の孤独の発作を認めることで、「これまで、ずっとこうやって自分で関係をぶち壊してきたんだ」と理解できます。

同時に、気持ちが落ち着いてくるので、自分が輝けるようなことに熱中するようになります。

その姿はとても魅力的に映るので、好きになってくれる男性も増え、そこから本当の恋愛、幸せな結婚につながるチャンスも増えてくるのです。

そのことを考えると、親（とくに母親）の孤独の発作の破壊力には改めて驚かされます。

娘を幸せにしそう!!!
この人といると辛い……
バチバチ
ギンッ
よっ
わー最低な男ね～ないわ～
この人といると居心地いいな…♡
せんべい
酒

第 6 章

「恋愛」のグダグダから逃げ出したい

1 彼氏のちょっとした言動にすぐ嫉妬してしまう

「男尊女卑」の男がまだ生息している！

好きな男性のちょっとした言動にすぐ嫉妬してしまってそれが苦しい、と訴える女性は少なくありません。

周りの人から見れば、**「そんな男とは早く別れたほうがいいのに」**と思えるような相手に嫉妬しているのですが、それでも本人は、彼氏が他の女と浮気していることを知ると、「絶対に許せない！」と言って相手を追及し続けます。そんな修羅場を経験しても、彼氏から逃げられないのです。

自分は嫉妬深いことも、嫉妬は醜いこともわかっているのに、なぜその状況から逃げられないのでしょうか。ここにも発作が影響しています。

発作が起きてしまうと記憶が飛んでしまったり、破壊的な人格に変わってしまうため、自分で自分をコントロールすることができなくなってしまうのです。

こんな場合、実は男性のほうの嫉妬が影響しているケースがめずらしくありません。

日本では、長い間「男尊女卑」の考え方がありました。男性のほうが女性よりも優れている、というバカバカしい慣習ですが、現代でもまだ、そのような間違った考えにとらわれている男性がいることは事実です。

そんな男性は、学歴などに関係なく、相手の女性のほうが潜在的な知的能力が高い（賢い）場合、女性が賢明さを示すような言動をとると、**「女のくせに、男である自分よりも頭がいいなんて生意気だ！」**となって、嫉妬の発作を起こすのです。

そして、女性に対してぞんざいな態度をとったり、わざと相手に嫉妬させるような言動をしたりと、破壊的な人格に変身してしまいます。

その嫉妬の攻撃を受けた女性は、「私が一方的に嫉妬している」と勘違いしてしまうのです。

実際は男性が嫉妬の発作を起こして破壊的な人格になり、相手に最もダメージを与える方法で攻撃しているにもかかわらずです。

「この人は、もう私にとってどうでもいいかも！」

ふつうなら、男性が浮気をにおわせる言動をしたとき、女性は「こんな人とは別れたほうがいいかも……」となるはずです。

ところが、くり返し男性の嫉妬の攻撃を受けていると、女性は学習性無力感に陥ってフリーズしてしまい、逃げられなくなってしまいます。

女性は、嫉妬することで男性を攻撃していると思っているのですが、実際は男性からの嫉妬攻撃で自分をコントロールできなくなっているだけなのです。

そもそもDV（ドメスティック・バイオレンス）が男女間で起きるのは、たいてい「女性のほうが上」というケースです。収入や地位、あるいは知的能力などが上というときに、男性が嫉妬の発作を起こし、破壊的な人格に変身して身体的・心理的な暴力行為にいたるのです。

これは単純に、男性が「自分のほうが相手の女性より劣っているから捨てられるかもしれない」と孤独を感じる脳の部位が刺激され、発作が起きてしまったことによります。

浮気をするのも、性風俗の店など女性が嫌がるような場所に行くのも、女性の嫉妬を刺激し、捨てられないように仕向けているだけなのです。

男性の嫉妬の発作を受けた女性が、自らも発作を起こせば起こすほど、男性の「見捨てられるかも」という孤独を刺激してしまうので、余計に男性のＤＶがひどくなってしまいます。

このように**嫉妬の悪循環から逃げられないのは、相手の嫉妬の発作で、学習性無力感の状態が作られているからなのです。**

このようなケースでも、嫉妬の発作が起きたときに、「**相手の孤独の発作を認める**」と頭の中で唱えてみると「あれ？」となります。

「自分の嫉妬ではなく、相手の嫉妬の発作が発端だったから逃げられなかったんだ」ということが実感できるようになります。

そして次の段階として、相手は嫉妬から自由になって楽しく行動するようになりますが、その様子を見て**イライラしたときは「自分の孤独の発作を認める」と頭の中で唱えてみます**。

するど、「あ！　この人はもう私にとってどうでもいい人かも」となるから不思議。以前だったら、嫉妬の発作で自分自身が破壊的な人格になり、感情的で投げやりな言動に走っていたかもしれませんが、自分の孤独の発作を認めた後は、本当の意味で冷静に男性との関係を考えられるようになります。

こうなれば、苦しい嫉妬から解放されるだけでなく、自分の孤独と向き合って自分の時間を大切にして〝今〟を生きることができるようになります。そこに本当の自由があることを、心の底から感じられるでしょう。

2

セックスしないと不安！私って依存症？

簡単にセックスに結びつく

「本当に自分がセックスしたいかどうかわからないままセックスしている」「セックスしないと心が不安になる」という女性がいます。

「寂しさを紛らわそうとしてセックスするのかも……」と自己分析する女性もいますが、はたしてそうでしょうか。

確かに、セックスすると、相手との一体感が得られるオキシトシン、孤独を麻痺させるβ-エンドルフィンというホルモン（脳内麻薬）が分泌されます。

そのため、「寂しさを紛らわそうとして」と思ってしまうのでしょう。

でも、女性が**セックス依存の状態から逃げられなくなっている場合、そこに彼氏の**

孤独の発作が関係していることがあるのです。

女性のほうが潜在的に知的能力が上、というカップルのケースが一番多いのですが、男性と女性の力のバランスが取れていないと、男性が孤独を刺激されて嫉妬の発作を起こしてしまうことがあります。

男性は「彼女のほうが自分より〝上〟だから、自分は捨てられてしまう」と考えてしまって、脳の孤独を感じる部位が刺激され、発作が起きるのです。

発作を起こした男性は破壊的な人格に変身してわざとぞんざいな態度をとったり、ふてくされた表情をしたりします。すると、男性の孤独が脳のネットワークを通じて、相手の女性にも伝わります。

その結果、女性は、「彼氏に相手にされなくなったらどうしよう！」「彼氏から見捨てられてしまう！」という不安から自己破壊的な人格になり、ますます体の結びつきを求めてしまうのです。

女性のほうは、セックスすれば脳内麻薬が分泌されて孤独が一時的に麻痺します。

しかし、時間が経つと、脳の孤独を感じる部位の感度が高まり、さらに強い発作を起こすため、ますます自己破壊的な人格になる、ということのくり返しになるのです。

一方、男性のほうは、セックスすることで孤独が麻痺するのは女性と同じですが、同時に「女性のほうが自分より上」という感覚も麻痺して、自分が優位に立ったという錯覚を起こしてしまいます。

そして、さらに女性の孤独を刺激するようなことをするので、女性は**「見捨てられたらどうしよう！」**となって、その男性との関係からますます逃げられなくなってしまうのです。

ちなみに、女性が相手から見捨てられないためにセックスする場合、「手段としてセックスしている」ということになりますから、自尊心はどんどん下がっていきます。

そのことが、自己破壊的な行為に拍車をかけることになるのです。

セックス依存から逃れる方法

セックス依存の状態から逃げられなくなっている女性は、セックスしたくなって男

性のことが頭に浮かんだときに、「男性の孤独の発作を認める」と心の中で唱えてみます。

するると、「あの人はそんなに魅力的じゃないかも！」という現実が見えてきます。

彼氏以外の男性に簡単に体を許してしまう女性の場合、次々に浮かんでくる男性に対して、「男性の孤独の発作を認める」と片っ端から唱えていると、「この人も違うし、あの人も違う！」となって、みんな私に対して嫉妬の発作を起こしていたんだ、ということがわかってきます。

これを続けていると、傷ついた自尊心がどんどん修復され、「セックスしなくても大丈夫。今のままでいいかも！」と思えてきて、最終的には自分に合った相手と出会うことができます。

ある女性は、「男性が怖い」と思いながらも、男性からアプローチされると「セックスまでいかないと心がざわわして落ち着かない」という状態でした。

そこでセックスするのですが、そうなると、男性のことがますます怖くなって、男性の前にいるだけでフリーズしてしまいます。

そんな様子を、男性には「自分のことが好きだから緊張しているんだ」と勘違いされ、また誘われてセックスしてしまう、ということをくり返していたのです。

セックスの直後は「相手も満足したみたいだし、自分の心のざわざわ感も解消されたからいいじゃない」と思うのですが、時間が経つと、どんどん男性のことが怖くなってくる。その女性は、なぜそうなるのかがわかりませんでした。

私とのカウンセリングで、その女性は、相手からの嫉妬の攻撃で不安になっていただけだったことに気づきました。

私は女性に、不安になってセックスしたくなる男性の顔が浮かんだときに、「男性の孤独の発作を認める」と頭の中で唱えてみることを勧めました。

すると、「この男性は私には合っていない」という現実が見えてきたといいます。

そして、合っていない男性とセックスしていたから自尊心がどんどん下がり、余計に男性のことが怖くなっていた、ということがわかったのです。

ここまでくると、**「自分は自分のままでいい！」**という自己肯定感を得ることができるようになります。

その女性はそれ以降、セックスなしで自分と対等に付き合える男性と親密な関係になり、自分が本当にしたいときだけセックスを楽しめるように変わっていったのです。

3 ズルズルと続くダメ男との関係を断ち切りたい

「私がいないとあの人が困るから……」

「ダメ男」とわかっているのに、そんな相手を捨てられずに、いつまでもズルズルと関係を続けてしまう女性がいます。

本人は、**「自分が面倒を見てあげないと、あの人は大変なことになってしまう」**と考えていたりしますが、やはり、これも孤独が原因となっています。

相手の面倒を見ることで、脳内に相手との一体感が得られるオキシトシンというホルモンが分泌され、一時的にですが孤独を感じなくなります。

つまり、孤独を麻痺させるためにダメ男を見つけて世話をし続けているわけですが、それをやめてしまうと、自分の孤独と直面しなければならなくなります。それは辛いことなので、**ダメ男から逃げられない状態**になっているのです。

でも、ダメ男から逃げられない最も大きな原因は、先ほどから述べている、男性の側の「嫉妬の発作」にあります。

そこには、〈男性より女性のほうが上〉↓〈男性が女性に嫉妬の発作〉↓〈男性が破壊的な人格に変身〉という流れがあります。

男性が破壊的な人格に変身するとき、攻撃的・暴力的な言動で女性に精神的なダメージを与えて男性から逃げられなくするというケースもあるのですが、ダメ男の場合は、「働かない」「動かない」「前向きなことをしない」といった受動的な攻撃で女性に精神的にダメージを与えようとします。

その結果、女性が学習性無力感に陥って、「ダメ男から逃げられない」という状態が作られてしまうのです。

相談した相手から思わぬ嫉妬攻撃が！

もう一つ、「ダメ男から逃げられない」原因として興味深いものがあります。

意外に思われるかもしれませんが、それは**「ダメ男のことを友人や親に相談する」**というものです。

相談を受けた友人が優しい言葉で、「そんな男とはすぐに別れたほうがいい」とアドバイスしてくれるのですが、その裏で嫉妬の電気ショックが友人の脳から発せられ、それが脳のネットワークを通じて感電させられてしまいます。

「ダメ男を捨てちゃいな！」というアドバイスによって嫉妬の電気ショックが条件づけられ、〈捨てたい！〉→〈でも怖い！〉→〈捨てられない！〉という悪循環から抜けられなくなるのです。

なぜ友人に嫉妬の発作が起きてしまうのかというと、相談する時点で、〈相談したほう〉が〈相談されたほう〉より弱者となり、下の人間となるからです。

「自分より下」であるにもかかわらず、その弱者が「自分だったら対応できないダメ男を受け止める度量と能力を持っている」「そんな度量と能力を自分は持っていない」

と直感し、相談されたほうが嫉妬の発作を起こすわけです。

ダメ男と付き合うには、相当な忍耐力、包容力を必要とします。その能力を持っていることに対し、**「自分より下のくせに生意気！」**となるのが嫉妬のポイントです。

嫉妬は発作ですから、嫉妬している本人にはその自覚がありません。たいていは「あんなに親身に相談にのってあげているのに、なんで別れられないんだろう？」と思っていたりするだけです。

少しだけ自覚できる人は、「人の不幸は蜜の味だよね！」と心の中で思っていたりするのです。

友人に相談した際に、友人から伝わってくる嫉妬の電気ショックを受けることで、**相談すればするほど、ダメ男から離れられないという悪循環になるのです。**

親に相談しても同じようなことが起きます。前にも説明しましたが、親も条件さえ揃えば、子どもに対して嫉妬の発作を起こします。

子どもは、いつもダメ男を摑《つか》んでしまう弱者であると同時に、ダメ男と対峙するよ

ダメ男を捨てちゃいな
相談された
私のほうが上

うな優れた能力がある、と直感するのです。

頭ではそんな自分の心の動きを理解できないけれど、娘の能力の高さを動物的に読み取ることができてしまう。

そして、「いつでも家に帰ってきていいよ。でも、もうあなたの部屋はないけどね」などと余計なことを言ってしまいます。

それも、嫉妬の発作で破壊的な人格に変身してしまっているからです。

こうして娘に「あなたはもう戻れない」というメッセージを送り、ダメ男と別れるチャンスを壊してしまうのです。

このように、相談した時点で「ダメ男から逃げられない！」ということが決定してしまっているのです。

さて、その対処法ですが、ここでも**「相手の孤独を認める」**だけでいいのです。

ダメ男のことが心に浮かんだら、「男性の孤独の発作を認める」と頭の中で唱えます。同様に、相談相手のことを考え始めたら、たとえば「友人の孤独を認める」「親の孤独を認める」と唱えるのです。

第 7 章

「友人」との面倒な付き合いから逃げ出したい

1

いつも誰かといないと不安で寂しくてたまらない

友人の楽しそうなSNSを見ると寂しくなる

テレビのバラエティ番組やSNSで、みんなが楽しそうにしている映像や画像を見ていて、**「自分はあの人たちみたいに人生を楽しんでいないかも?」「自分は独りぼっちだ。寂しい……」**なんて思ったことはないでしょうか。

そう思うのは、見ている人の孤独が刺激されて、「誰かといっしょにいないと不安!」と発作を起こしているからです。

そういうとき、いてもたってもいられなくなって友人に連絡してしまいます。

相手の都合に合わせて出かけていき、そのときはいっしょにいて「楽しい!」と感じても、家に帰るとまた不安感が襲ってきます。

友人に見捨てられたら大変！　という気持ちになって、あわててお礼のメールをしますが、返信が来ないと「どうしたのかな？」とまた不安になってしまう。

自分が除《の》け者にされていないか絶えず不安を感じ、また友人と会うのですが、また不安になり……、ということをくり返して、「逃げられない！」となってしまうのです。

そもそも、誰かと楽しそうにしている画像をＳＮＳにアップしている人は、孤独を感じていないのでしょうか？

逆です。彼らこそ孤独に取り憑かれているのです。

それなのに、そういう画像を見て**「自分だけが孤独を感じている」と誤解することが、「逃げられない！」原因になっている可能性があるのです。**

前にもちらっと書きましたが、孤独に見えない人ほど孤独を感じています。このことは、実験によって確認されています。

第1章でも紹介したマサチューセッツ工科大学の研究者によるラットを使った実験では、孤独に関係する脳の部位が活性化しているラットは、集団における社会的地位が高い、という結果が出ました。

「集団における社会的地位が高い」ラットとは、集団をまとめ上げているグループのボスということになります。つまりボスラットは、孤独に関係する脳の部位が活発に活動していたわけです。

この結果を人間に当てはめると、社会性が高いことで集団の中でうまく適応し、グループをまとめる力のある人は、脳の孤独に関係する部位が活性化しているということ。テレビで活躍している人やSNSでリア充全開の人も、実は孤独なのかもしれません。

脳のミラーニューロンで孤独が伝染

人間の脳には、「相手の脳の状態を鏡のように真似てしまう」ミラーニューロンという細胞があります。この細胞は、相手の姿勢や動作を真似ることで活性化され、他のこともどんどん真似てしまうという特徴があります。

緊張している人がそばにいるとこちらまで緊張してしまったりするのは、**ミラーニューロン**の存在があるからです。それと同じように、孤独に関係する脳の部位が活発に活動している人に注目すると孤独になります。

だから、もしかしたら、テレビなどのメディアが発達する前は、「人とつるんでいないと不安、寂しい」ということはあまりなかったのかもしれないと思うのです。

とくにSNSの発達した**現代は、フェイスブックやインスタグラムなどで楽しそうな画像をアップしている人が、自分の孤独を撒き散らし、それを見た人にどんどん孤独を拡散させているわけです。**

高級ホテルのパーティーで高価なファッションに身を包み、楽しそうに談笑している人たちも、本当は深い孤独を抱えているのかもしれません。彼らは社会性が高く、人からうらやまれるような集団を作っているわけですから、脳の孤独に関係する部位は活発に動いていると思われるからです。社会に適応し、友人も多く、楽しそうに見える人たちの頭の中は、実は「めちゃくちゃ孤独」というわけです。

彼らは孤独を打ち消すために、必死になって楽しそうな自分を演じているのかもし

ホホホ
孤独
孤独
孤独
ハハハ
頭の中は
孤独だからこそ群れ着飾る人もいる

れません。

〝友人格差〟も不安の原因

もう一つ、「誰かといっしょでないと不安、寂しい」と感じてしまうのは、友人内の〝格差〟の問題も関係しています。

現代は「平等」が尊ばれる時代ですが、実際は、育った環境の差、金銭的なバックグラウンドの差、知能の差など、平等でない部分が必ずあるものです。

友人グループにしても、そうした点でそれぞれ差があるわけですから、そこで平等でない現実を知ると、「みんな平等のはずなのに！」「ずるい！」となり、「みんなと私は違うんだ」と孤独が刺激され、発作が起きてしまうのです。

すると、グループのメンバーは**誰かが発する孤独の刺激を受けることになるので、みんなと楽しくワイワイやっている間にも、孤独が増幅することになります。**

そして、それを解消しようとすると、「寂しくて、みんなといっしょにつるむことから逃げられない！」となってしまうのです。

もし友人グループの中で不安や寂しさを感じるようだったら、**「あの人たちの孤独の発作を認める」と頭の中で唱えてみるのです。**

それが認められたら、友人たちのことをもっと冷静に見ることができて、「参加しなくていいかも」となります。それは、自分に合ったグループではなかったのです。

同様に、自分のいないところで友人グループが楽しそうにしているSNSを見て、「ずるい！」と思ったときは、**「自分の孤独の発作を認める」**と唱えてみましょう。やはり「参加しなくてもいいかも」となるはずです。

こう唱えることで、自分の無意識が自分を現実の世界へと引き戻してくれるのです。自分に合った素敵な世界へと。

白鳥の子が寂しいからとアヒルの子たちの後についていっても、さらに惨めになって孤独が増すだけなのです。

2

ママ友同士の付き合いが面倒で抜け出したい

ママ友グループでの悩み

ママ友同士の付き合いは、面倒でもなかなか断れないものです。断ってしまったら、「子どもが孤立してしまう！」という不安が一番大きいと思います。

しかし、ここでのポイントは、「自分がママ友同士の付き合いをしたいか、したくないか」ということになります。ひとまず、子どものことを抜きにして考える必要があります。

もし、ママ友同士の付き合いを〝面倒〟と感じているなら、ママ友の誰かから嫉妬されていると思って間違いありません。嫉妬を受けていることが、面倒でたまらないのですね。

そもそも、一つのグループの中にはいろいろな人がいて、経済的にも社会的にも、さらには知的な能力においても差があって当然です。

でも、子どもが同じ学校に通っていると、「みんな同じでないといけない」という心理的圧力がかかってしまいます。

そんな中で、他のママ友より優れた点のある女性がいるとしたら、前の項でも書いたように、ママ友の誰かがその女性に対し、「○○さんってずるい！」となって、嫉妬の気持ちが発生するのです。

ある女性芸能人が「私にとって嫉妬は化粧水」と言っていましたが、それぐらい図太い人に対しては、嫉妬の気持ちは起きにくいものです。

「オホホホ！　私、あなたたち下々《しもじも》の方とお付き合いしてあげてますのよ。感謝なさい！」というような、**明らかな「強者」は嫉妬の標的にはならないわけです。**

嫉妬の標的になるのは、むしろ弱者です。

なぜ弱者に、つまり自分より弱い、劣っていると思える相手に対して嫉妬するのでしょうか。

オーホホホ
生きてる
心の次元が違いすぎ

経済的に劣っているから弱者とは限りません。たとえば、ママ友のグループ内で、いつも「私なんて……」と控えめな姿勢を見せている女性がいるとしたら、それだけで、その女性は周りとの力関係において「弱者」と見なされてしまいます。

そんな「弱者」の子どもが他の子どもより勉強ができたりすると、「弱者のくせに生意気!」となって、嫉妬の発作を起こされてしまうのです。

こうして**嫉妬を浴び続けていると、学習性無力状態に陥って、「ママ友グループから逃げるに逃げられない」となってしまうわけです。**

だいたい「逃げたい!」と思っている時点で、「弱者」と認識されてしまうので、ますます嫉妬が止まらなくなってしまうのですね。

「断れない自分」から「断れる自分」に

「ママ友グループから抜けられない、逃げられない」という場合に有効なのが、前にも紹介した**「今を献上する」**という言葉です。

「今を献上する」という言葉を頭の中で唱えると、「子どものために自分の〝今〟を献上している」ということに無意識の中で気がつきます。

自分にとってかけがえのない〝今〟という時間がどんどん失われていく――。そのことに気づくと、「こんなことでいいの?」「嫌だ。〝今〟を献上したくない!」という真逆《まぎやく》の思いが湧いてきます。

すると、「自分の好きなことをやろう」という思いが強くなり、たとえば趣味の世界などに没頭するようになります。別にママ友との付き合いを断る理由を作るために趣味を始めるわけではありません。「今を献上する」と唱えることで、自分の孤独と向き合い、自然に自分のしたいことに気持ちが向くのです。

こうして、ママ友に気をつかう弱者から、自分のしたいことをする強者へと位置付けが変わると、嫉妬の攻撃を受けなくなります。そして自然に「みなさんの集まりに参加できません」と断ることのできる自分に変わります。面白いくらいに、「なんだ、簡単に逃げられるじゃない!」となるのです。

小学生の娘を持つ女性の話です。

彼女の娘は同級生の子と、同じピアノ教室に通っていました。娘を教室に送る帰り、その女性は同級生の子のママに毎回カフェに誘われました。そして、いつものようにそのママ友は別のママ友をLINEで呼び出し、他のママ友や担任の教師の悪口、芸能人のゴシップなどのくだらない話を始めるのです。

最後には、このママ友が「あなたはいいわよね！　お嬢さん育ちで」とイラっとくる嫌味を必ず口にするのです。

「そういうことは言わないでほしいな」と、角が立たないよう再三お願いしているのですが、ちょっと時間が経つと、また同じことを言ってきます。そのたびに、彼女は傷つくのでした。

なぜ、そのママ友は同じことをくり返して口にするのでしょう。それは、嫉妬の発作で記憶が飛んでしまっているからです。

でも、ここでキレたら娘の人間関係にも影響すると思うので、その女性は嫌な思いをしながらもママ友の付き合いから抜けられないでいました。

あるとき、その女性は**嫌味を言われてイラっとした際に、頭の中で「今を献上する」と唱えてみました。**

するとその瞬間、自分が娘のために〝今〟という大事な時間を犠牲にしていることがはっきり理解できたのです。

そこから彼女がとった行動は、「もうあなたとは付き合えないから！」とママ友に対して絶縁宣言をすること。こうして、不愉快な人間関係をきっぱり断ち切り、自分が楽しいと思える人間関係を作っていく方向にチェンジしていくことができました。

人間って、意外と簡単に変われるものなんです。

ママ友との付き合いから逃げたいと思っても、母親は「子どもの人間関係は大丈夫かな？」という心配から、なかなか逃げる勇気が湧いてきません。そんなとき「今を献上する」と唱えてみると、「いや、子どもは大丈夫！」と確信できます。「あの人たちと付き合い続けていたら、自分の子どもまでおかしくなるわ」と思えるから不思議です。

ＬＩＮＥのグループから抜け出せた！

ある女性は、ＬＩＮＥのグループに入り、これでようやく孤独から逃れられると思いました。

しかし自分だけ既読スルーされたり、〝いいね！〟が付かなかったりということが続き、前にも増して孤独を感じるようになりました。

そんなことがあっても、「こんなグループから抜けたいんだけど、ＬＩＮＥのチェックがどうしてもやめられない」と彼女は言うのです。

自分のコメントに対し、誰からも「○○さんが気に入っています！」の知らせが来ないと、「自分のコメントがまずかったのかな？」と思い、みんなと同調するようなコメントしかしなくなります。

そうしないと自分だけがグループの中で仲間外れにされているような気分になり、それ以外の選択肢がどんどんなくなっていくのです。

ＬＩＮＥのグループを退会したいと思うのですが、その後で、自分のことがどんなふうに悪く書かれるのかを想像すると、「ダメ！　逃げられない」となってしまいます。

そんなときの対処法をお教えしましょう。

それは、「美しさ」を基準にするというものです。

何をするにも、「これは美しいか？　否か？」で判断します。

美しいことはするけれど、美しくないことはしない、という姿勢でものごとを判断するだけで、グループのメンバーから「弱者」と認識されなくなります。

こうして、美しいものだけを選んで、美しくないものは選ばない、ということを続けていると、ＬＩＮＥのグループから退会することなど、簡単にできてしまいます。

要するに「弱者」にならなければ、周囲からの嫉妬の電気ショックを受けることはなくなります。結果、学習性無力感から解放され、自分の意思で退会することができるわけです。

ＬＩＮＥに限らず、何かのグループに入ろうかどうか迷っているときは、あの人たちのグループに入るのは美しい？」と自分に問いかけてみてください。

「NO！」となったら、入るのをやめたほうがいいでしょう。

さらに楽しいおまけとして、美しいものだけを選択していると、醜いものから自動的に逃げられるので、いつか「美しい仲間たち」と出会えるようになるのです。

第 8 章

「職場」の嫌なことから逃げ出したい

1

パワハラ上司を撃退する「賢者の選択」とは？

パワハラ上司は嫉妬している

私が会社に勤めていた頃、「上司からパワハラを受けている」と友人に相談したら、ろくに話も聞かないうちに、「それはおまえのほうが悪い」と言われ、「え？」となったことがあります。

「確かに仕事も完璧じゃないし、100％上司の要求に応えられてもいないけど、友人ならこっちの味方をしろよ！」と、ムカっときました。

でも、これまで読んでくださったみなさんだったらわかりますよね。

「上司からパワハラを受けている」と相談すること自体が、相談した相手に対して自分を「弱者」の立場にしてしまいます。だから、友人は嫉妬の発作を起こし、無意識のうちに「おまえが悪い！」と〝破壊的なこと〟を言ってしまうのです。

友人のほうは、「相手のために良かれと思って親切で言っている」と信じて疑いませんが、それが発作の証拠。発作を起こしているときは、思考も硬直状態になっているのですね。

だから、「おまえのほうが悪い」という暴言につながるのです。その発作の電気ショックを受けて、言われたほうも思考の柔軟性を失ってしまいます。


では、パワハラの職場では、どのようなことが起きているかというと、**パワハラ上司のほうが嫉妬の発作を起こしています。**

パワハラを受ける社員は、それに〝感電〟してしまい、思考も硬直して「動けない！」という状態になるのです。

結果、仕事ができなくなり、職場内ではますます「弱者」となります。そこから他の社員の嫉妬の発作まで誘発し、感電しっぱなし状態となり、仕事のミスが続いたり、指示されたことがちゃんとできなくなったりします。こうして、「わかっているのにできない」という症状を呈することになるのです。

こうなると完全に**学習性無力感**の状態です。思考が固まってフリーズしていますから、会社を辞めることも、転職活動をすることもできません。

会社では、仕事ができないと思われているため、「自分は辞めさせられてしまうかも?」「この会社を辞めたら路頭に迷う」「世間から見放される」と不安になり、自分自身の孤独の発作も誘発されるので、さらに「辞められない」「逃げられない」となってしまうのです。

パワハラ攻撃は嫉妬攻撃

昔から行われている、パワハラから逃れる簡単な方法があります。職場で自分よりも弱い人間を標的に攻撃するのです。

それも容赦なく完膚《かんぷ》なきまで叩きのめすくらいまで攻撃すると、自分がパワハラを受けることはなくなります。

なぜ、それでパワハラがやむのかというと、一般的には「あいつは危ないヤツだから手を出すのをやめよう」と思われるから、と解釈されますが、実は「弱者」ではないと見なされるからです。

心理学的には、「弱者」になったとたんに嫉妬攻撃を受ける仕組みになっているため、誰かを攻撃して「自分よりも弱者」を作ってしまえば、そこに嫉妬のエネルギーが集中して流れるようになるのです。

注意点は一つで、「攻撃する相手に情をかけてはいけない」ということ。無慈悲に叩き潰すことです。

この方法は、以前ほど露骨なかたちではできなくなっているようですが、インターネットの世界では、さらに過激に、また陰湿な方法で行われています。

賢明な読者のみなさんは、こんなパワハラ脱却法は、いくら有効だと聞かされても実行はしないでしょう。

「自分がやられて嫌なことは人にはやらない」という倫理観、「人に不快なことをしたらいつか巡りに巡って自分に戻ってくる」ことを知っている賢明さがあるからです。

しかし、**こうした「賢明さ」が上司の嫉妬を誘発します。**

賢ければ賢いほど、上司はピンポイントで嫉妬攻撃をしてきますから、学習性無力感で思考が硬直し、頭が働かない状態になります。

でも、大丈夫です。

あなたがパワハラを受けているとしても、あなたは「賢い」わけですから、その賢さを使えば、簡単に弱者から抜け出すことができてしまいます。

まず、学習性無力感の状態から抜け出すために、「自分は賢くない」という思い込みを捨ててしまいましょう。

あなたの賢明さに対して上司が嫉妬攻撃をするので、「自分は賢くない」と思い込んでいるだけです。

では、どうやって思い込みを捨てるかというと、**「上司は自分に嫉妬しているだけなんだ」と思えば、学習性無力感から自由になれます。**

そして上司からパワハラを受けている最中に、暴言を聞き流しながら、「ここでの賢い選択は?」と頭の中で唱えてみるのです（ちなみに「賢い選択」は、英語で「Wise Choice」です）。

するとと不思議なことに、以前だったらパワハラ攻撃を受けてただ固まっているだけだったのが、上司の意表を突く行動で反撃できるようになるではありませんか。

「ここでの賢い選択は？」と唱える

ある男性は、情緒不安定な上司から、絶えず暴言を浴びていました。

「おまえのやっていることは1円にもなってないじゃないか！　仕事をしろ、仕事を！　恥ずかしくないのか！」などとみんなの前で怒鳴りつけられ、「あわわ」と言葉に詰まって固まっていました。

攻撃を受けてみんなの注目を浴びれば浴びるほど、頭が働かなくなります。そのため上司からさらに怒鳴りつけられる……、といったことをくり返し、どんどん「仕事ができない人」になっていきました。

そんなあるとき私とのカウンセリングで、自分の賢さに上司が嫉妬しているためにパワハラを受けているんだということを知りました。その男性はかなり驚いたようで、「信じられない」と言った後、思わず笑ってしまったくらいです。

しかし男性は、「確かに仕事上で上司に見えていないことが自分には見えているかも」ということに気がつきました、

さらに、**他のみんなのためにも上司のパワハラをなんとかしなければと思い、「自分は賢くない」という考え方をやめてしまいます。**

そして上司が「おいっ！　このデタラメな書類はなんだ!!」と怒鳴りつけてきたときに、先ほどお話しした**「ここでの賢い選択は？」**という言葉を頭の中で唱えてみることにしました。すると、上司にくるりと背を向け、家に帰るという行動に出ることができたのです。

それまでは、黙ってうつむいて上司の小言を聞くだけだったのに……。この行動には男性自身もびっくりでした。

もっと驚いたのは周りの人たちでした。今まで一方的に攻撃を受けるだけだった彼が、上司が止めるのも聞かずにドアを開けて去っていくなんて……。周りはその様子を見て、口をポカンと開けていたといいます。

男性は帰宅してから不安な気持ちに襲われましたが、そのときも「ここでの賢い選択は？」と唱えて、「外出して美味しいものでも食べよう！」という選択をしました。

食事から戻ると、自宅の前にあの上司が立っていました。あれからあわてて追いかけてきたのでしょう。そして「さっきはすまなかった……」とこれまで聞いたことのないセリフを口にしたのです。

男性が「ここでの賢い選択は？」と唱えてみると、「それはちょっと考えさせてください」という言葉が自然に出てきました。

そう言いながらドアを開けて部屋に入ろうとすると、上司が「ちょっと待てよ！わざわざ家まで来て、こうして謝ってるじゃないか」と情けない声を出します。

男性は「ここでの賢い選択は？」と頭の中で唱えると、「結構です！」と言って、上司を置き去りにドアをバタンと閉めたのです。

翌朝、目が覚めた後、「オレ、クビになるかも？」と不安になりましたが、「ここでの賢い選択は？」と唱えたら、迷わず会社に行く準備をしていました。

職場に着くと案の定、上司が「○○くん！　ちょっと私の部屋に来なさい」と声をかけてきます。

「ここでの賢い選択は？」と唱えて、堂々と部屋に入っていきます。すぐさま上司が「〇〇くん！　あんな態度をとられては、みんなの前で示しがつかないじゃないか」と声を荒らげてきます。

男性は「あなたがみんなの前で示しがつかなかったら、みんなの前で怒鳴られた私はどうやって示しをつければいいんですか！」と怒鳴り口調で返しました。

上司は男性の気迫に押され、「それはすまないと思っている。だから君もこれから気をつけてくれないか」とシュンとした様子で言います。

男性は、再度「ここでの賢い選択は？」と唱えると、「わかりました。もういいです」と言って、その場をあとにしたのです。

心の中には「かっこいい！」と賞賛する自分がいました。**本来の自分の賢さを使うことができれば、かっこよく、かつ楽しく逃げられるのです。**

私の立場はどうなる!?
ギャー
ギャー
ここでの賢い選択は?
キリッ

2

嫌なものは嫌ときっぱり断れる自分になりたい

人に頼まれたら「NO」と言えない

ある女性は、「頼まれた仕事は断らない」がポリシーでした。

どんな仕事を頼まれても、嫌な顔をしないで引き受ける。しかし、そうしているうちに「えっ？　こっちは自分の仕事もやりながら、無理してやってあげているのに、そんな要求までしてくるってどういうこと？」といったことが起きます。

それはそうです。仕事を頼んでくる相手は、その女性が今忙しいかどうかとか、どんな気持ちで仕事を引き受けているかなど、全く気にしていないのですから。

だから、頼んだ仕事がまだできていないことを知ると、「オレの仕事だけやってもらっていいない！」と怒って、孤独の発作を起こします。

そして、「午前中にできるって言ったじゃないか！　今まで何やってたんだよ！」などと、信じられないような暴言を吐きます。

「自分の仕事は後回しにしてやってあげているのに、少し遅れたからって、なんでこんなことを言われなきゃいけないの」と惨めな気持ちになります。

そして、**「こんなに気をつかっているのに誰からもわかってもらえない」**という孤独感から、こんどは頼まれた女性のほうが発作を起こします。

このときの発作の反応にはいろいろあり、たとえば、頼まれた仕事に手がつけられなくなったり、他にたくさん仕事があっても頼まれた仕事のことが気になって結局どれも手をつけられない、といったことが起きます。

すると、女性に仕事を頼んでいた人から、「まだできてないの？」と矢のような催促が来て、どんどん追い詰められていきます。

まるで、**牛追い棒で追い立てられる牛**になった気分です。ちょっと道草を食っていたら、ビビビッと電流を流されるので少しも休めません。

「相手の役に立てればいい」という気持ちから引き受けていたのが、当たり前のように次から次へと仕事を頼まれると、さすがにこれが本当に自分のためになっているのか、疑問を抱くようになります。

仕事を頼んでくるほうも、ただ流れ作業的にこの女性に仕事を回しているだけだったりします。

「自分のため？　それとも相手のため？」と自問する

女性には気持ちのどこかに、「仕事を引き受ければ相手から感謝され、一体感を得られるかもしれない」という淡い期待がありました。

でも、そんな幻想はまもなく打ち砕かれました。

他の人の仕事を助けても助けなくても、みんな淡々と流れ作業のように仕事をこなし、一つの仕事が終わったらまた次の仕事に移行する、というのが現実でした。「一体感」など、どこにも存在していなかったのです。

そこで一つのことに気づくのです。

「自分は、相手から嫌われたくないから仕事を断れないんだ」と。

なぜ「相手のために」などと考えてしまうかというと、「人の気持ちを考えていないと、自分の孤独に直面してしまうから」なんです。言い換えれば、孤独から目をそらそうとして、相手のことをあれこれ考えるわけです。

つまりこの女性は、嫌われて独りぼっちになること、孤独になることを恐れていたのです。結果として、この女性の脳の孤独を感じる部位が刺激されて発作を起こし、「断る」という思考が働かなかっただけだったのですね。

ここに問題解決のヒントがあります。

「相手の気持ちを考える」ことが孤独を増幅させているわけですから、「相手の気持ちを考えない！」ようにすれば孤独は増幅せず、発作も起こさないで、自分のために淡々と仕事ができるかもしれません。

そこでこの女性は、孤独の発作を起こさないために、周りから仕事を頼まれたら、**「それって自分のため、それとも相手のため？」**という問いかけをしてから、引き受けるか、断るかを決めるようにしました。

すると不思議なことに、「仕事を頼んでくる人は、自分のことしか考えていないんだ」ということがわかってきます。

さらに、「なんだ、みんな自分のために仕事をしているだけじゃん」という当たり前の現実が見えてきます。

そして、**「自分のための仕事だけを選択し、相手のための仕事はしない！」**という信念を持つことができるのです。

こうなればもう無敵です。

自分のための仕事をやればやるほど、どんどん自信がついてきます。

そうです！　この女性の自己肯定感がなかなか上がらなかったのは、孤独の発作で自分のための仕事ができなかったから、なのです。

あなたもこの女性と同じような状況に陥ったとき、「自分のため？　それとも相手のため？」という呪文の効果を、ぜひ実感してください。

3

ブラック企業から一刻も早く抜け出したい

「自分だったら大丈夫！」という自信が崩壊

ある30代後半の女性は、A社に転職しようかどうか迷っていました。

そこで、A社を退職した人から話を聞いたのですが、その人は「ここは大変な会社だよ」と言います。

しかし、女性は「弱音を吐いて会社を辞めてしまうような人だからそんなことを言うんでしょ」くらいに考え、「私だったら大丈夫！」と、A社に途中入社しました。

「あの人はやり方が悪かっただけで、私だったらなんとかやってみせる」と思ってしまうのが、人間心理というもの。この女性も、入社早々は自信に満ちあふれていました。

しかし、A社は、いわゆるブラック企業だったのです。

女性は懸命に仕事に励んで成果を上げていったのですが、会社からの要求は際限なくどんどん増えていきます。上司は、達成できた仕事は少しも褒めてくれないのに、できなかった部分ばかりネチネチと指摘し、「なんでこれができないんだ！」と反省を求められます。

これでは、仕事のモチベーションも上がりません。キチキチのスケジュールで仕事をやらされることもあって、転職を考えることが多くなりました。

でも**「自分がここで抜けてしまったら、他の人が大変な思いをする」**と考えると、辞めることもできません。女性は当時を振り返って、「まるで同僚や部下が人質にとられているような感じでした」と言います。

女性は上司からダメ出しをされ続けているうちに、「こんな自分は、どこに移っても通用しない」と、自己肯定感がどんどん下がっていきました。

あるとき思い切って転職の活動をしたのですが、職場で散々ダメ出しをされているので自信のなさが表に出てしまい、なかなか採用にいたりませんでした。

やっぱり今の会社よりもっと条件の悪いところしかないのかと思うと卑屈になり、結局ブラックな職場から逃げられないでいたのです。

嫉妬をエネルギーに変える!

会社の経営者が孤独の発作を起こしていると、その会社がブラック企業化してしまいます。

経営者の発作に従業員の孤独が刺激され、従業員が「自分は見捨てられたくない!」と発作を起こして、経営者の言いなりになってしまうのです。

なかでも「弱い」従業員が標的にされやすく、全体のスケープゴートに仕立て上げられ、最初の犠牲者になります。

ここで、ストレスに関する有名な実験を紹介しましょう。

2匹の猿のうち、1匹は針金でぐるぐる巻きにして電流を流し、もう1匹はその電流を止めるスイッチが与えられます。興味深いことに、電流を流されて苦しんでいる猿より、「なんとかしてあげなきゃ！」と電流を止めようとする猿のほうが、ストレス性の胃潰瘍になって早く死んでしまうことがわかったのです。

なぜこうなるのかというと、**相手の気持ちを考えたときに脳のネットワークを通して相手のストレスが自分のほうに流れてくるからです。人のことを「なんとかしてあげたい」と考えてしまう人ほど、ストレスからくるダメージを大きく受けてしまうというわけです。**

ブラック企業においては、従業員同士の間でこれと同じことが起きます。一人のスケープゴートから、連鎖反応的にどんどん犠牲者が増えていくのです。

一方で、「自分はこんなひどい環境の中でよく耐え、よく頑張っている」という心理も働きます。こういう人は、自分をドラマの主人公であるかのように思ってしまい、今の過酷な環境から逃げようとしません。

また、脱出を決意した人が現れると、同じ職場で苦しんでいる同僚たちの嫉妬の発作が一斉に起きます。内緒で転職活動を行っても、脳のネットワークで同僚に伝わっ

応援するよ
へ〜あんただけ逃げるんだ〜
弱い、人間なんだね〜
私ってそんなにダメな人間…？辞めない方がいいのかな…？
転職

てしまいます。

すると同僚は、「早く転職したほうがいいよ！」「応援するよ！」などと優しい言葉を投げかけながら嫉妬攻撃を開始し、まさに嫉妬のるつぼ状態となります。

そして、自由になることへの恐怖心が条件づけられ、ブラック企業から逃げ出したくても逃げられなくなってしまうのです。

ここで有効なのが、「嫉妬をエネルギーに変える」という呪文です。

ブラック企業からの転職を躊躇《ちゅうちょ》したくなったら、「同僚たちの嫉妬のエネルギーを有効に使おう！」というように発想を転換し、「嫉妬をエネルギーに変える」と唱えるのです。

すると、転職へのモチベーションが一気に上がってきます。

未来への希望がどんどん湧いてきます。

そして、「自分が自由になれたんだから、会社の他のみんなもきっと自由になれる！」と信じられるようになるのです。

第9章

「ダメな自分」から逃げ出したい

1 お酒をやめられたら仕事も楽しくなった！

孤独な人はお酒をやめられない

〝酒は百薬の長〟といわれます。でも、つい飲み過ぎて翌日は二日酔いで頭ガンガンとなれば、大いに後悔するのですが、それでもまた飲んでしまうのが、お酒の魔力なのかもしれません。

アルコールに依存性があることは事実です。

それでも、お酒に依存してしまう人と依存しない人がいます。

飲むときはすごい量を飲むけれどふだんは全然飲まなくて平気という人と、量は少ないものの毎日飲んでしまうという人がいるのは、どのような理由によるのでしょうか。

お酒を飲むと人格が変わり、「自分のことをコントロールできないダメ人間になってしまう」と悩んでいる方を、私はたくさん見てきました。

ある男性は、「ふだんは楽しくふつうにお酒を飲めるのに、たまにコントロールを失って大変なことになってしまうのです」と悩んでいらっしゃいました。

その男性は、何が原因で「大変なこと」になるのか、お酒の飲み方なのか、お酒の種類によるのか、と自分でいろいろ考え、その結果、面白いことがわかったのです。

それは、**お酒を飲んで記憶をなくしてしまう癖がある人といっしょにお酒を飲むと、自分もお酒のコントロールができなくなってしまう**、ということでした。

前にもお話ししましたが、人間の脳には、「相手の脳の状態を鏡のように真似てしまう」というミラーニューロンという細胞があります。その細胞は、相手の姿勢や動作を真似ることで活性化され、他のこともどんどん真似てしまうという特徴があります。

つまり、ミラーニューロンの働きにより、「お酒を飲んで記憶をなくす」という脳の発作を起こしている人の真似をして、この男性も発作を起こし、お酒のコントロールができなくなってしまっていたのですね。

男性に詳しくうかがったところ、「離婚をきっかけにたくさん飲むようになった」と教えていただきました。

ここでも、離婚からくる孤独が、発作に関係していることが推測されたのです。

お酒を飲むと、孤独が薄らいでいくような感覚があります。しかし、酔いから覚めてしまうと、前よりも一層強い孤独を感じるものです。孤独の発作がどんどんひどくなっていくのです。

「本当の自分」という呪文でお酒ストップ！

私が大学生だった頃、友人が好きな女性からフラれてしまった後に、記憶が飛ぶくらい大酒を飲んだことがありました。フラれたことで孤独の発作を起こし、お酒に頼ったのでしょう。

彼は翌日から1週間くらい学校に出てきませんでした。間に大事な試験があったのですが、それもすっぽかしてしまいました。

お酒で孤独の発作が増幅して破壊的な人格になり、「試験なんかどうでもいい！」「学生生活なんかどうなってもかまわない！」とヤケになって飲み続けてしまったのです。

しかし、**自分の孤独を麻痺させるためにお酒を飲むと、ますます発作が起きやすくなり、破壊的な人格に変身します。その結果、破壊は自分自身へと向かい**、文字通りの「ダメ人間」になってしまうのです。

ダメ人間になればなるほど孤独を感じ、それが引き金となって発作を起こして、さらに破壊的な人格に変身する。こうして孤独なダメ人間ぶりに磨きがかかり、ますますお酒から逃れられなくなっていくのです。

発作には「止めようとすればするほどひどくなる」という性質があります。ですから、コントロールしてお酒をやめようとすること自体が発作を止めようとしていることになるので、逆にどんどん発作がひどくなり、ますますお酒から逃げられなくなってしまいます。

そういう場合は**発作を止めようとしないで、「本当の自分」という言葉をふだんの生活の中で唱えるようにします。**

「本当の自分」と唱えていると、「お酒から逃げられないダメ人間」ではない、もう一人の「本当の自分」が見えてきます。

仕事をしているときも、頭の中でくり返し「本当の自分」と唱えていると、仕事がどんどん楽しくなっていくことに気づくでしょう。

発作を起こしている自分ではなく、「本当の自分」で生きるようになると、自分を取り巻く世界そのものが変わってきます。

そして、いつの間にか孤独から解放され、「本当の自分にはお酒は必要ないかも！」と思えるようになるから不思議です。

2 ギャンブル依存の人は「いい人」をやめればいい

ギャンブルは「発作」だからやめられない

ギャンブルにハマってしまうと、冷静な判断ができなくなります。

初めのうちは「冷静に、淡々と賭けよう」と思っていても、負けが込んでくると熱くなって、「次こそは！　この次こそは！」と見境なく賭けていき、やがて手持ちのお金が尽きてしまいます。

そこで諦めるかと思えば、家に残っているかもしれないお金を探し回り、ついには家族のお金に手を出したり、消費者金融で借金を重ねてしまって返済不能状態になります。このとき初めて、「こんなはずじゃなかったのに……」と深い自己嫌悪に陥ります。

「借金さえ返せれば、自分の人生の流れは一気に変わるはず」と思って、家族や親戚に恥を忍んで頭を下げて返済してもらっても、しばらくすれば、「これまでの負けを取り戻すぞ！」と再びギャンブルにハマり、借金がいつの間にか膨らんでいることになるのです。

ギャンブルも、「自分でコントロールできない」という点で、発作が関係しています。

ふだんはとても「いい人」なのですが、ギャンブルに熱中して負けが込んでくると、発作が起きて、「これが同じあの人なの？」と思うぐらい破壊的人格に変わります。

発作ですから自分でコントロールできないし、それを誰かが止めようとすればするほど発作はどんどんひどくなってしまうのです。

ですから、ギャンブルにハマって周りが見えなくなっている人に、「もう金輪際《こんりんざい》ギャンブルはやめて」と注意したり、逆にギャンブルの借金を肩代わりしてあげたりするのは逆効果です。発作が頻発するようになり、やがてギャンブルの無間地獄《むげんじごく》に落ちてしまうのです。

「本当に自分は演じないとダメなの？」は深い言葉

実は、ギャンブルがやめられない人は、「自分はギャンブル依存症」と自覚しているものです。それが周囲にバレないよう、ひた隠しにして生きているケースが多いのです。

「自分がギャンブル依存のダメ人間であることがバレたら、みんなが自分から離れてしまう……」。それを恐れることで脳の孤独を感じる部位が刺激され、これが発作の原因になります。

また、ギャンブル依存の人は、とても優しく、忍耐強く、頼り甲斐があって堂々としているなど、魅力的な人物に映ることが多いものです。

それは**「ダメな自分」が周りにバレないよう必死に努力しているから。実は、その点に一番の問題があります。**

ダメな自分がバレないように、いい人や頼り甲斐がある人を演じれば演じるほど、「誰も本当の自分のことをわかってくれない」という孤独が膨らみます。孤独が膨らむと発作が頻繁に起きるので、「最後の大勝負」とばかりに借金を全てギャンブルにつぎ込んだりといった破壊的な行動に出てしまうのです。

その大勝負にも負けると、神から見放されたような孤独を感じ、さらに発作が続きます。そしてついには、家族関係、人間関係、そして社会的な立場まで失ってしまうところまでいってしまいます。


ギャンブルがやめられない人がギャンブル場に行くと、「みんな自分と同じ」という安心感から孤独が麻痺します。

パチンコでも麻雀でも競馬でも、その場に集っている人たちは全員孤独です。「孤独なのは自分だけじゃない」と思えると、孤独が癒されます。そのため、孤独を感じると、フラフラっとギャンブル場に足が向かってしまうのです。

そんな「自分と同じ人ばかり」の場にいても、負けが込んでくると「自分だけが負けている」という孤独の発作が起きてしまい、さらに過激で破壊的な行動をとります。

また、ギャンブルの場には必ず負けて発作を起こしている人がいます。いくら自分は冷静だと思っていても、やがて脳のミラーニューロンの働きによって、負けて発作を起こしている人の脳を真似てしまいます。そして、自分も発作を起こして破壊的な

ダメ人間はオレ1人じゃない…
パチスロ

人格になり、万馬券一発狙いなど、わざと負けるような賭け方をしてしまいます。しかし本人は発作を起こしているので、そのことに気づくことができません。

こうしたギャンブルをやめられない人におすすめなのが、**ギャンブルをしたくなったときではなくて、ふだんの生活の中で、「本当に演じないとダメなの？」と唱える方法です。**それだけで自然に良い方向へと変わっていきます。

ギャンブルをやめられない人は、「自分はダメ人間」という思いが根底にあって、そのダメっぷりがバレないよう、「いい人」や「従順な人」を演じてしまってストレスを溜め込んでいます。

そういう人が「本当に自分は演じないとダメなの？」と唱えると、ダメだと思っている〝素《す》の自分〟が自然に人前でも表れてきます。

でも大丈夫。ダメな自分が見えたからといって、誰も自分から離れていかない、ということが実感できるはずです。

そして、「ダメ人間」と思っていた自分が実はまともであると知り、だったら「わざわざダメ人間になるためにギャンブル場に行くのはバカバカしい」という気持ちになるのです。

「本当に演じないとダメなの?」とは深い言葉です。

ギャンブルをやめられない人だけでなく、自分を見つめ直すためにも、「本当に演じないとダメなの?」を頭の中でくり返して唱えることをおすすめします。

3

仕事が長続きしない、転職してもうまくいかない

転職先ですぐトラブルに見舞われる

ある20代の女性は、転職先で社長に気に入られていました。しかし、「他の人たちが最悪」だったそうです。

前の職場で身につけた効率的なやり方で仕事をしていたら、女の先輩が「あんたはちっとも仕事がわかっていない！」と言って、昔ながらのやり方を押しつけてきます。

それでも自分のやり方を通していたら、「あの子はちっとも仕事ができません」と上司に告げ口され、すると上司の態度も冷たくなって、会社に行くのが苦痛になってしまったのです。

職場に問題があるのは明白です。しかし、この女性は、転職をくり返す自分が悪い

のでは、という思いから抜けられなくなっていました。

「他の同僚はちゃんと仕事をこなしていけるのに、どうして自分だけは次から次へとトラブルに見舞われるのだろう？」

そう思って、自分で自分が情けなくなっていたのです。


ここでもポイントは「孤独の発作」です。この女性は先輩からちょっと注意されただけですぐ涙目になってしまい、「もうダメだ！」と悲観的な気分になっていました。それが発作なのです。

どうして注意されただけで発作を起こしてしまうのかというと、**「自分だけが怒られた」という思いによって、脳の孤独を感じる部位が刺激され、これが発作のきっかけになってしまっているのです。**

楽しく仕事をしていても、否定されたり修正されたりすると、「自分だけが否定された」と孤独を感じて発作が起きてしまいます。その結果、涙があふれてきたり、あるいは、ふてくされた態度をとったりするのです。

なぜそうなるかというと、発作を起こしたときに、脳内の記憶を整理する部位が刺激され、子どもの頃の惨めな感覚が引き出されることに起因しています。

つまり、**子どもの感覚になって、「大人の対応」ができなくなっている**のです。

すると、周りの人から、「注意されるとすぐ泣く、ちょっと変わった人」という目で見られ、「自分はみんなとは違うんだ」と感じて、さらに孤独で発作を起こします。

その結果、「みんな自分を陥れようとしている」「みんな自分が失敗するのを見て笑っている」といった幻想を抱くようになるのです。

そして、「もうここにはいられない！」となって会社を辞めたくなるわけです。

「私の元に戻っておいで！」というメッセージ

いざ会社を辞めてしまうと、とりあえず発作からは解放されるので、我に返ったとき「なんであの会社を辞めちゃったんだろう？」という気持ちに駆られます。

会社にいるときに味わった嫌で嫌でたまらない思いは、孤独の発作によって見せられていた幻想だとは想像することもできません。

このように転職をくり返してしまう原因は、実は意外なところにあります。それは「母親」です。

母親から遠く離れていても、脳同士はネットワークでつながっています。離れている母親と自分が共依存状態になっていると、こちらで感じた孤独が脳のネットワークを通じて母親に伝わってしまい、その孤独が母親の脳で膨らんでまたこちらに返ってきて、娘のほうが発作を起こしてしまうのです。

なぜ母親と娘が脳のネットワークでつながっているといえるかというと、それは娘のほうが「子ども状態」になっていることからわかります。

注意されただけで涙目になったり、強く否定されたら涙があふれてきてしまったりするのは、精神状態が子どもになっているから。それは母親の脳とネットワークでつながっている証拠です。

母親にとっては何歳になっても「子どもは子ども」。とくに子どもが母親から自立できていないような共依存である場合、母親は**「私の元に戻っておいで！　私が守ってあげるから」というメッセージ**を送ります。

母親の心の裏側では、自分の孤独と向き合いたくないという気持ちが働いています。いつも子どものことを心配していれば、自分の孤独と直面しなくて済むからです。

そうです！　母親が「おいで！　おいで！　私の元に戻っておいで！」というメッセージを脳のネットワークを通じて子どもに送っているから、子どもは「安住の地は母親の元であって、今の会社ではない」と思ってしまうのです。

これでは、「どこに転職してもうまくいかない」のは、最初から決まっているようなものでしょう。

言い換えれば、**母親の孤独や不安が、「どこに転職しても不遇な扱いを受ける」という悪夢を作り出していたわけです。**

母親との脳のネットワークを断ち切る

この女性は、自分が会社で子ども状態になってしまうのは、「母親の不安」が発端であることがわかりました。上司に注意されてイラっとするのも、実は「子どもの精

不安
不安
転職

神状態」だからなのですね。

そこまで理解できたら、この状態を解消するのは簡単です。

「母親の不安」と唱えるのです。

すると、本来の自分に戻ることができ、さらに、上司に笑顔で対応するなど「大人の対応」がとれるようになります。

「先輩のやり方は間違っている」と思ったときも、「母親の不安」と唱えてみると、素直に先輩に言われた通りのやり方で気持ちよく仕事ができる自分がいることに気づきます。

こうして、母親の呪縛からどんどん解放され、同時に、仕事が長続きしない自分からも解放されるようになります。

この方法は、広く応用できます。

不快な感情が湧いてきたり、投げやりな気分になったりしたときは、「母親の不安」と唱えることで、それを母親に返してしまえばいいのです。

「もうあの人のところに戻るつもりはありませんから！」と心に決め、「母親の不安」と唱えて全てを返していくのです。

もちろん、転職をくり返した末に母のところに戻るという人生もあります。どちらを選ぶかは、**「どちらが美しいか？」**と自問して決めればいいでしょう。

これには客観的な正解はありません。自分自身が美しいと思う道を選べばいいのです。

そのためにはまず「母親の不安」と唱えて、母親との脳のネットワークのつながりを切断しなくてはなりません。

その上で自分自身の人生を再スタートすると、きっと今よりずっと面白い毎日を送れると思います。

おわりに

原稿を書くとき、私は「編集者の脳を使う」というおもしろい手法を使っています。

自分の頭で考えて書く、ということを何年も続けていると、「資源には限界がある」という感じで、いずれアイディアが尽きてしまいます。そこで私は、脳のネットワークを通じて編集者さんの脳につながり、そこにある知恵と知識を使って書くようにしています（本文にも書いていますが、私は脳のネットワークを信じています）。すると、「お！　編集者さんの見ている世界はすごい！」と、自分では書けないことまで書けてしまうのです。

そこで、この「あとがき」を書くにあたり、まっさらな気持ちで、「そこにはいったい何が書いてあるの？」と思いながら、本文を読み始めました。

最初は、「こんなに連続して本を書いているんだから、どうせ、これまでの繰り返しで、たいしたことは書いていないんだろう！」と高を括《くく》っていました。しかし、自分の本なのにおかしな話ですが、途中から夢中になって読み進めてしまったのです。

そして読んでいる途中で、「おい、おい！　テクニックに走りすぎてないか！」「あなたはサービス精神が旺盛だから」と、自分にツッコミを入れていることに気づきました。

さらに、人があまり触れたがらない依存症のこともガッツリ書いていたので、「大丈夫かな？　ここまで書いて」と不安にもなりました。

でも、最後のほうになって、謎が解けてきます。サービス精神が旺盛なのも、他人が嫌がることでも率先してやり、その結果自分で自分の首を絞めてしまうのも、「母親の愛情を求めているからなんだ」ということが見えてきて、私の中で腑に落ちるのです。思わず、「あなた、そんないい年になって、まだ母親の愛情なんて求めているの？」と自分にダメ出しをしてしまいました。

自分のこれまでの「逃げることができない」という状況を振り返ってみると、たしかに私は「母の愛」を心のどこかで求めていて、「この場所にいれば、それと同じものが得られるのではないか？」と願うあまり、逃げられなくなっていたことがわかります。いじめられても、蔑《さげす》まれても、搾取されても、「耐え続けていれば得られるのではないか？」という思いが確信のないまま留まっていたのです。

人は、「その場所には愛がない」と簡単に断言します。しかし、「母の愛」を体験したことがない私は、その言葉を受け入れることができなかった。だいたい「愛」には実体がないから、「これが愛」とか「あれも愛」なんてことに誰も確信を持つことができません。私自身も「母の愛を体験したことがない」と断言してしまっているけれど、「どうして愛がないと確信できるのか？」ということが自分でもはっきりとはわかりませんでした。

でも、本文の最後に到達したときに、私は鳥肌が立ちました。

「どちらが美しいか？」という問いかけのところに、ちゃんと書いてあったのです。

「そこに美しさがあるかどうか」というのが「愛」の基準だったら、ものすごくわかりやすい。たとえば私が「母の愛」ということで浮かんでくるのは、徹夜で仕事をして苦しい家計を支えてくれた姿や、体調がすぐれない中で毎日食事を作ってくれた姿です。それらは、とても美しい姿です。

私は、そんな「母の愛」に応えなければ、と一生懸命に努力をしたけれど、ことごとく失敗に終わり、かえって母親を失望させることになっていました。することなすこと全てが美しくはなくて、ドロドロした汚物まみれのような感覚でした。

だから、「そこに美しさがあるか？」という言葉を自分に問いかけたときに、「自分は美しさなんか追い求めてはいけないんじゃないか？」という負い目のような感覚が襲ってきました。「こんな醜い自分が美しさなんか求めてはいけない」という感覚。

私は「美しさの中にある愛を求めてはいけない」と思っていながらも、愛を求めていたから、おかしなことになっていたのです。「その場所には愛がないから逃げ出したい、でも逃げられない」というおかしな状況で長年、苦しんできたのです。


そんな私が、「どちらが美しいか？」という問いかけをしてみると「あ！　自分は本当の愛を求めてもいいのかもしれない！」と不思議と思えてきます。

「どちらが美しいか？」という問いかけをするうちに、これまでの数々の幻想の愛から解き放たれて、自由に羽ばたいていける。

そう、「どちらが美しいか？」という問いかけをしていけば、いつでも自分の中にある本当の愛に触れられる――。微笑《ほほえ》みとともに。

令和元年五月

大嶋信頼

大嶋信頼（おおしま のぶより）

心理カウンセラー、株式会社インサイト・カウンセリング代表取締役。米国・私立アズベリー大学心理学部心理学科卒業。アルコール依存症専門病院、周愛利田クリニックに勤務する傍ら、東京都精神医学総合研究所の研修生として、また嗜癖問題臨床研究所付属原宿相談室非常勤職員として依存症に関する対応を学ぶ。嗜癖問題臨床研究所付属原宿相談室室長を経て、株式会社アイエフエフ代表取締役として勤務。心的外傷治療に新たな可能性を感じ、株式会社インサイト・カウンセリングを立ち上げる。ブリーフ・セラピーのFAP療法（Free from Anxiety Program）を開発し、トラウマのみならず多くの症例を治療している。カウンセリング歴25年、臨床経験のべ8万件以上。
著書に、『「本当の友達がいなくてさびしい」と思ったとき読む本』（KADOKAWA）、『「お金の不安」からいますぐ抜け出す方法』（総合法令出版）、『「断れなくて損している」を簡単になくせる本』（宝島社）、『いちいち悩まなくなる 口ぐせリセット』（大和書房）などがある。

「自分《じぶん》を苦《くる》しめる嫌《いや》なこと」から、うまく逃《に》げる方法《ほうほう》

2019年5月30日　初版1刷発行

著　者　大嶋信頼
発行者　田邉浩司
発行所　株式会社 光文社
〒112-8011　東京都文京区音羽1-16-6
電話　編集部 03-5395-8172　書籍販売部 03-5395-8116　業務部 03-5395-8125
メール　non@kobunsha.com
落丁本・乱丁本は業務部へご連絡くだされば、お取り替えいたします。
組　版　萩原印刷
印刷所　萩原印刷
製本所　ナショナル製本

ISBN978-4-334-95095-8